THE DISPUTATION OF SERGIUS THE STYLITE
AGAINST A JEW

CORPUS

SCRIPTORUM CHRISTIANORUM ORIENTALIUM

EDITUM CONSILIO

UNIVERSITATIS CATHOLICAE AMERICAE

ET UNIVERSITATIS CATHOLICAE LOVANIENSIS

Vol. 338

SCRIPTORES SYRI

TOMUS 152

THE DISPUTATION OF SERGIUS THE STYLITE AGAINST A JEW

EDITED

BY

A.P. HAYMAN

LOUVAIN

SECRÉTARIAT DU CorpusSCO

WAVERSEBAAN, 49

1973

Imprimerie Orientaliste, s.p.r.l., Louvain (Belgique)

D/1973/0602/8

PREFACE

The Disputation of Sergius the Stylite, here edited for the first time, is an eighth century dialogue between a Christian and a Jew. Only one manuscript of the work, BM Add. 17,199, has survived, but despite its imperfections it is unusually close in date to the original, coming from the late eighth or early ninth century A.D. Nothing is known of the work's supposed author except the information which is contained in this manuscript. For a discussion of the date, authorship, literary sources, and nature of the dialogue in the Disputation, see the introduction to the Translation volume.

BIBLIOGRAPHY AND ABBREVIATIONS

BM = British Museum manuscript.

BR = BROCKELMANN, C., *Lexicon Syriacum*, 2nd ed., Halle, 1928.

d.p. = diacritical point.

DRIVER, *Scrolls* = DRIVER, G.R., *The Judaean Scrolls: the problem and a solution*, Oxford, 1965.

HATCH, *Album* = HATCH, W.H.P., *An Album of Dated Syriac Manuscripts*, Boston, 1946.

MICHAEL THE SYRIAN, *Chronicle* = *Chronique de Michel le Syrien*, ed. J.B. CHABOT, 4 vols., Paris, 1899-1924.

MS = Manuscript.

NÖLDEKE, *S.G.* = NÖLDEKE, Th., *Kurzgefasste Syrische Grammatik*, Leipzig, 1898 (reprinted Darmstadt, 1966). English translation by J.A. CRICHTON, *A Compendious Syriac Grammar*, London, 1904.

or.scr. = original scribe.

P = Peshitta Version of the Bible. For the Old Testament:
Translatio Syra Pescitto Veteris Testamenti ex codice Ambrosiano sec. ferc vi Photolithographice Edita, ed. A.M. CERIANI, Milan, 1876-1883.
Trinitarian Bible Society Edition, London, 1954 (reprint of the American Bible Society Edition, Urmia, 1852).
Pentateuchus Syriace, ed. W.E. BARNES, London, 1914.
The Peshitta Psalter, ed. W.E. BARNES, Cambridge, 1904.
For the New Testament:
The New Testament in Syriac, British and Foreign Bible Society, London, 1962.
Tetra Euangelion Sanctum, Simplex Syrorum Versio, ed. G.H. GWILLIAM, Oxford, 1901.

pr. = praemittit.

PS = SMITH, R. Payne, *Thesaurus Syriacus*, 2 vols., Oxford, 1897-1901.

S.scr. = Serṭā scribe.

SEGAL, *Diacritical Point* = SEGAL, J.B., *The Diacritical Point and the Accents in Syriac*, London, 1953.

WRIGHT, *Catalogue* = WRIGHT, W., *Catalogue of Syriac Manuscripts in the British Museum*, 3 vols., London, 1870-2.

Manuscripts

BM Add. 14,623 (miscellaneous extracts from John Chrysostom and others).

BM Add. 17,199 (The Disputation of Sergius the Stylite).

INTRODUCTION

The Disputation of Sergius the Stylite is contained in BM Add. 17,199 [1], which is a vellum manuscript measuring about 8 by 5 $\frac{3}{4}$ in. and consisting of 79 folios. There are 9 quires each consisting of ten folios and marked at the foot of the first and last folios by Syriac letters. 8 folios are missing after the first folio, and 1 after folio 26. There is one column of writing which is marked out by two vertical lines ruled at its edges, and there are from 15 to 26 lines of writing on each page. Some of the folios have been damaged and occasionally the writing is so faint as to be virtually illegible; this is especially true of folios 62v, 63v, 71r, and 78r. There is a small hole in folio 18 which seems, however, to have been in the manuscript when originally utilised by the scribe.

According to William Wright 'this volume is written in a rather inelegant Estrangela, apparently of the eighth century' [2]. The manuscript is undated but cannot possibly be earlier than the eighth century, since the work it contains must be dated on internal grounds c. A.D. 730-770 [3]. Because the manuscript contains numerous scribal errors, it is perhaps best to assume some transcriptional history behind it, and extend the possible range of its date into the ninth century. Although it would be unwise to attempt a more accurate dating, the manuscript is, nevertheless unusually close in time to the original.

The title of the work on folio 1v is written in red ink, and so generally are the names of the participators in the dialogue, the names of biblical writers, and any other authors cited. Red ink is also used to emphasize such words as : ܐܡܪܝܢ. This usage is not, however, completely consistent; for example, on folio 1v none of the names of the writers cited is written in red ink.

A noticeable phenomenon in the manuscript is the gradual decrease in the number of lines per page, and the gradual increase in the size of the writing. Folio 33 seems to represent a turning point: the first 33 folios have from 19 to 26 lines on each page and are written in small letters with, for example, the rounded ܠ and ܝ, the Serṭā ܡ, and

---

[1] In WRIGHT, *Catalogue*, it is no. DCCXV, vol. II, p. 612f.

[2] WRIGHT, *Catalogue*, vol. II, p. 612.

[3] See the Introduction to the Translation, chapter I.

otherwise there would be ambiguity. Occasionally I have had to simplify the punctuation where the scribe has written several dots in a row, either at the end of a sentence, or to fill in a space at the end of a line. In one or two cases where the manuscript has got a strange or hybrid form, I have written what I consider to be the correct reading in the Text and described the reading of the manuscript in the notes [15]. The chapter and section divisions have been made primarily to facilitate reference to the Disputation. As far as possible they coincide with sense divisions, but sometimes the division is arbitrary. Square brackets in the Text indicate conjectural restorations.

[15] Cf., for example, p. 27, l. 25.

ܐܠܦܪܝܐ .I.1

2.

5

10

15 ² . . . . Fol. 2 rº * .4

³

20

25 .6

¹ Title in red.

² Eight leaves are missing between folios 1v and 2r; for conjectures as to the contents of the missing leaves see the Introduction to the Translation, p. 52 f.

³ Originally written in black but inked over later in red.

Fol. 4 rᵒ ܒܬܚ * : ܐܬܘܪ ܐܡܪ ܒܗ ܡܕܥܐ ܗܘܐܬ ܐܬܘܪ : ܢܒܘܬ

ܗܘܐ ܡܪܝܚܒܝ. 17. ܘܡܕܥܠܐܢ ܗܘܐ ܐܡܪ. ܠܟ ܚܝܝ,

ܘܒܝ ܢܓ̈ܝ ܐܝܟ ܐܡܪܝ ܘܡܟܒܣܗܘܢ. ܘܒܝܐ ܐܡܪ

ܐܝܠܢ ܡܟܒܐ ܐܠ ܐܟܟ ܐܝܟ ܐܠ ܩܘܒܗܫܐ¹ ܕܝ ܡܟ

ܐܝܢ ܐܬܪ. ܐܢܝ̈ܓܪ. ܚܕ ܣܪܡ ܣܡ ܣܡܝ ܪܪ[ܝܝ]ܢܢ. ܪܐ[ܝܝ]ܕ. ⁵

ܘܒ[ܣܡ]ܚ ܚܝܕܒܗܬ : ܪ[ܗܬܬ]ܐܠ ܥܠ ܡܣܐ ܗܘܐ ܐܟܠܬܒܗܝ.

18. ܘܡܕܟܒܒܝܕ ܐܬܘܪ ܐܡܪ ܗܘܢ ܓܒܐ ܥܒܕܝܒܬ ܠܠܡܐ

ܐܝܟ. ܘܡܣܟ ܠܗ ܐܠܐ ܘܩܒܕܝ̈ ܐܡܪ ܢܒܘܬ. ܡܣܒܬ

ܣܘܒܠܬ، ܡܟܒܕ ܓܝܪܗ، ³ܟܒܣܡܝ، ܐܠܠ. ܐܡܝܣܘܐܢ. ܘܩܒܠܝܝܐ

ܢܫܘܢ، : ܡܟܒܗܐ. ܘܩܒܠܝܐ ܐܡܪ. ܢܫܘܢ ܚܣܡ، ܟܠܝܐ ܡܢܗܘܢ ܩܒܐ ¹⁰

ܠܚܣܝܪ ܐܬܘܪܟ ܡܣܐ. ܘܡܕܟܒܝܕ ܒܗܕܝ ܣܘܒܝ : ܘܕܒܝ ܐܢܝ

ܐܡܪ ܢܒܣܘܣܝ، ܟܠ، ܟܕ ܚܣ، ܘܕܥܝ. 19. ܘܡܕܒ ܫܚܝܢ ܣܒܬ :

ܘܣܚܒܬ ܣܪܒܟ ܐܡܪ ܗܘܐ ܗܘܐ ܗܝܘܐ ܘܕܝܢܝ ܐܡܪ ܗܕܝ ܘܐܟܣܕ

ܐܝܟܝܐ ܣܒܐ ܣܒܐܚ. ܘܒܝܘܗ. ܘܐܝܪܒܝܟܒܐ ܒܐܟܒܝܒ ܒܣܒܝܗ

ܣܒܬܒܘܣ ܐܟܒܝܝܐ ܡܝܐܚ : ܗܘ ܢܐܣܪ ܠܒܘܚܝܗ ܐܠܗܐ : ¹⁵

ܘܩܒܝܪܐ ܐܕܝܒܬܝ ܐܠ ܐܬܒܬܝ ܚܒ : ܣܒܐ ܐܡܪ ܘܣܡܗܝ.

ܐܟܒܪ : ܘܝܐ ܐܝܟ ܐܪܡܢ ܠܒܣܡܚܐ ܐܬܒܬܝ : ܘܕܒܝ ܐܒܣܝܐ

ܐܒܝܠ ܣܒ ܡܢ ܚܣܝܬ ܪ،ܕܠ. 20. ܘܡܕܟܒܝܕ ܐܬܘܪ

ܐܡܪ. ܘܡܕܒܝܕܬܗ ܚܣܘ̈ ܒܟ ܚܣܝܒܐ. ܘܒܐܟܣܪ ܣܒ ܚܒܬ

ܡܣܚܐ ²⁰ : ܢܒܘܬ. ܐܠܐ ܐܟܒܝܕ ܗܒܣܬ ܠܝܣܝ، ܣܒܝܚ ܚܒ : ܐܠܐ

ܣܒܝܚ ܠܣܡܝ ܚܝܐܣܝ ܘܝܫܠܚܐ. ܘܩܒܣ، ܠܐܟܒܝܟܬܗܡ،

Fol. 4 vᵒ * ܐܠܝ ܘܐܡܪܝܐ ܣܒܝܚ، ܒܣܡܚ ܡܣܠܟ ܐܟܒܐ : ܘܐܟܒܪܝܘ.

.ܩܒܣܐܕ ܐܘܝܐ ܐܒܝܪ ܐܟܐ ܣܒܥ ܟܒܕ ܐܝܢ.

II. 1. ܚܠܠܒ ܐܘܝܐ⁴ : ܘܐܢ ܩܟ⁵ ܗܣܚ : ܣܐܘܒܪ، : ܒܐܠ

²⁵ܐܬܝ ܐܘܝܐ ܣܘܒܐܟܪ، : ܗܐ ܢܒܝ ܢܒܘܬ ܐܡܪ. ܘܝܢܝ ܐܘܝܐ ܩܟܝܣܐ

¹ Read : ܩܘܒܣܐ.
² Perhaps add : ܐܒܘܕ.
³ Read : ܟܒܣܡܝ.
⁴ In red; cf. the Introduction to the Translation, p. 53.
⁵ Perhaps add : ܐܡܪ; there are faint traces of a scribal correction.

ܠܐ ܬܫܒܚ ܡܢܝ. ܘܐܫܟܚܐ ܐܡܪ. ܘܡܢܝܢ ܡܪ̈ܕܘ
ܘܐܬܐܡܪ ܠܢܘܚܐ ܕܡܘܕܥܗ: ܘܗܦܟ ܗܘܐ ܠܗܘܢ
ܒܠܒܒܟܐ. 2. ܘܕܢܚܐܝܠ ܒܠܚܘܕ. ܘܐܡܪܬ ܡܠܐܟܐ
ܐܢܬܗ ܥܠ ܪܝܫܗ ܕܢܒܘܟܘ ܘܫܥܒܕ ܒܦܬܓܡܐ ܕܪܝܫܗ. ܘܦܫܩܗ
ܒܒܒܠ ܠܟܠ ܡܢ ܓܒܪܐ: ܒܒܘܪܐ ܕܢܘܚܐ ܕܡܘܕܥܐ.
ܘܡܫܟܚܐ ܐܡܪ: ܘܪܘܚܗ ܕܡܪܝܐ ܡܢܫܦܐ ܗܘܬ ܒܠ
ܟ̈ܦܝܐ. ܘܬܘܒ. ܠܐ ܬܒܥܐ ܪܘܚ ܒܐܢܫܐ ܠܒܠܡ.
ܡܛܠ ܕܒܣܪܐ ܗܘ. ܘܬܘܒ ܠܐ ܬܛܠܡ ܒܢܝ. ܡܢ ܕܡ ܒܒܢܝ.
ܕܢܦܩ ܒܗܘ ܗܘܐ ܡܪܝܐ ܪܘܚܗ ܡܕܥܬܐ: ܚܠܦ ܪܘܚܐ
ܒܫܬܐ ܕܡܕܒܒܐ ܠܗܘܢ. ܘܚܝܠܐ ܐܡܪ. ܪܘܚ ܦܘܡܐ
ܒܫܬܒܘܢ. 3. ܘܐܢ ܐܡܪ ܝܗܘܕܝܐ: ܗܐ ܬܠܬܐ ܐܠܗ̈ܐ:
ܐܒܐ ܘܒܪܐ ܘܪܘܚܐ: ܐܩܢܘܡܐ ܦܫܝܛܐ ܗ̣ܝ ܕܡܫܝܚܐ:
ܕܐܡܪ ܚܕ ܐܠܗܐ݂[1]: ܠܐ[2] ܬܦܠܘܓ ܠܒܢ̈ܝܢ. ܐܘ
ܝܗܘܕܝܐ: ܕܒܬܠܬܐ ܐܠܗ̈ܐ ܡܘܕܝܢ. * ܡܪܝܐ ܘܡܠܟܘܬܗ Fol. 5 rº
ܘܪܘܚܗ: ܚܕ ܐܬܝܗܘܢ ܚܕ ܬܠܬܐ ܘܬܠܬܐ ܚܕ. 4. ܐܠܗܐ
ܓܝܪ ܕܠܐ ܐܝܬ ܠܗ ܡܠܬܐ ܘܪܘܚܐ݂ ܚܫܝܟܐ ܗܘ. ܐܠܐ:
ܘܠܐ ܡܬܩܪܐ ܗܘܐ ܠܒܪ ܡܢ ܡܠܬܗ ܘܪܘܚܗ. ܘܠܐ
ܡܬܝܕܥܐ ܕܢܗܘܐ. ܘܠܐ ܡܠܬܗ ܘܪܘܚܗ ܡܬܝܕܥܝܢ ܦܪܘܩ ܡܢܗ.
ܠܐ ܬܬܪܓܡ ܥܠ ܒܢ̈ܝܢ. ܕܗܕܐ ܡܢܗܘܢ ܠܓܒܝܢ. ܘܐܢ
ܫܪܪܐ ܫܡܥܬܘܢ ܠܢ ܡܒܠ ܐܢܘܢ. ܘܒܒܐ ܐܝܬ ܕܚܝܬܐ:
ܕܒܚܕܐ ܬܫܬܘܬܐ ܕܠܐ ܦܘܠܓܐ ܡܘܕܝܢ ܒ̈ܢܝܐ: ܚܕ
ܐܠܗܐ݂. 5. ܗܐ ܕܘܝܕ. ܐܡܪ ܓܝܪ. ܒܡܠܬܗ ܕܡܪܝܐ
ܐܬܒܪܝܘ ܫܡܝܐ. ܘܒܪܘܚܐ ܕܦܘܡܗ. ܟܠܗܘܢ ܚ̈ܝܠܘܬܗ.
ܘܐܫܥܝܐ ܐܡܪ. ܡܪܝܐ ܐܠܗܐ ܫܕܪܢܝ ܠܘܬܟܘܢ ܘܡܠܬܗ
ܘܪܘܚܗ. ܚܕ ܗܘ ܐܠܗܐ ܒܡ ܡܠܬܗ ܘܪܘܚܗ: ܡܢ ܥܠܡ
ܘܥܕܡܐ ܠܥܠܡ. ܘܕܠܐ ܫܘܪܝ. ܘܕܠܐ ܫܘܠܡ. 6. ܐܡܪ
ܠ ܝܗܘܕܝܐ. ܗܢܐ ܚܕ ܐܠܗܐ ܕܡܘܕܐ ܐܢܬ ܒܗ: ܐܝܬ ܠܗ
ܡܠܬܐ ܘܪܘܚܐ ܐܘ ܠܐ. ܐܠܐ ܐܝܬ ܠܗ. ܫܦܝܪ ܗܘ. ܘܐܢ

[1] For the accent cf. Segal, *Diacritical Point*, p. 110.

[2] In red, indicating the beginning of Sergius's reply.

Fol. 5 v°

[Syriac text, lines 1–16, including verse numbers ܂7 and ܂8]

III. 1. [Syriac text]

Fol. 6 r°

[Syriac text, lines 20–23, including numbers 2 and 3]

---

[1] Read : ܗܘܐ ܠܐ ; cf. p. 5, l. 17.

[2] Read : ܘܐܠܐ ; a ܘ has been added above the line by the or.scr.

[3] The quotation does not fit its introduction very well; perhaps ܠܗܘܢ ܕܫܢܐ would be a better reading, since the verse is usually applied to Christ in anti-Jewish polemic. The text of the MS is, however, good Pauline theology — cf. Col. 3.1-3.

Fol. 6 v°   ܘܩܢܘܗܐ ܒܪܚܩ ܠܐܠ ܚܝܒ 5. * ܩܘܗܢ ܠܟܕ ܚܒܝܫ
IV. 1. ܒܪܝܛ̈ ܠܕ ܚܦ : ܒܪܕ ܬܘܟ ܐܬܟ ܟܘܗܡܟ ܟܕܢ ܟܘܒܬ
<hr/>

[1] Pr. in margin (or.scr.) : ܠܟ (cf. P).

[2] Following the scribal sign read : ܟܘܐܬܝܐ ܐܬܬܘܟܠ (cf. P).

[3] Originally the scribe wrote : ܒܢܝܚܐ, then either he or a later corrector has attempted to erase the erroneous ܚ.

[4] ܒܩܝ seems to have dropped out.

---

[1] A section title in red.

[2] Read : [ܐ̈ܝ̇ܠ̇ܝ].

[3] Error for : [ܐ̈ܝ̇ܚ̇ܝ].

[4] The usual plural form is [ܐ̈ܝ̈ܝ̇ܣ̇ܝ̈ܝ].

[5] The accent is tāksā; cf. SEGAL, *Diacritical Point*, p. 127.

[6] The accent is rāhṭā; cf. SEGAL, *Diacritisal Point*, p. 71.

[Syriac text, 25 lines]

Fol. 8 r°

---

1 Read : ; the S.scr. has added above the line.

2 In margin (S.scr.) :

3 Read : ; a , has been added below the line.

Fol. 8 v°

Fol. 9 r°

---

[1] The scribal sign indicates that the word order should be changed to ܠܘܛܬܐ ܢܦܫܗ; but follow the MS and cf. Gal. 3.13 P.

[2] Perhaps read : ܕܢܣܒ.

* Fol. 9 vᵒ   ܠܥܠܬܐ ܘܫܪܝܪܐ ܘܪܝܢܐܗ ܘܗܐܢ 2 ܘܒܩܫ : ܘܠܥܢܐ ܘܗܐ ܩܡ
Fol. 10 rᵒ ܕܒ ܫܥܒܠ ܐܠܘ * : ܥܠ ܘܪܝ ܘܐܝܪ̈ܝܢ ܘܒܪܝܐܬ :

---

¹ Or.scr. has added ܠܚܝ̈ܒܘܢ below the line.

² Read : ܘܗܐܘ; the , has been added below the line by the or.scr.

³ Read : ܘܟܘܠܐ; the , has been added below the line by the or.scr.

ܩܕܡ̈ܝܐ ܩܪܝ ܐܘܪ . 10. ܟܡܐ ܐܫܐ ܣܗܕ ܪܒܐ ܘܝܕܥ ...

Fol. 10 vᵒ

---

[1] Read: ...

[2] The d.p. probably indicates the Pa'el.

[3] Read: ...

[4] There is an inexplicable sign over ...

   * ܗܘܐ ܀ ܪܒܥܕܐ ܗܘܐ ܒܪܝܩܐ : ܘܕܠܐ   Fol. 11 rº

.VI .1 ܘܫܪܝ ܘܡܩ̈ܡܐ ܕܠܘܛ ܡܢ : ܕܩܘܒ ܠܠܠܘ ܡܢ ܪܩܒܢܐ ܘܩܒܘܪܐ
    ܐܪ * .3 ܩܒܝܢܐ ܘܝܪܪ ܠܥ ܪܩܒܝ ܠܐ : ܪܒܩܠܝܘ   Fol. 11 vº
---

¹ There is a tear through the MS; perhaps read : ܪܒܝܢ.

² In margin (S.scr.) : ܗܘܐ.

ܠܡܦܪܩ : ܘܠܐ ܐܒܐ ܒܠܚܘܕ [ܕ]ܐܡܪ ܠܝܫܘܥ : ܕܐܢܐ ܐܚܘܬ ܒܥܡܟ : ܘܐܢܐ ܐܦܘܩܟ. ܘܐܦ ܒܠܚܘܕ ܥܠ ܒܪܐ ܕܐܬܝܚܕ : ܘܠܐ ܐܒܐ ܒܠܚܘܕ ܕܐܬܝܚܕ ܒܝܘܡܐ ܫܒܝܥܝܐ. 5. ܘܐܦ ܒܠܚܘܕ ܥܠ ܒܪܐ ܕܐܙܠ ܗܘܐ ܡܢ ܕܘܟܐ ܠܕܘܟܐ : ܘܠܐ ܐܒܐ ܒܠܚܘܕ ܕܡܗܠܟ ܗܘܐ ܡܢ ܡܫܟܢܐ ܠܡܫܟܢܐ. ܘܐܦ ܫܐܠ ܒܪܐ ܠܝܘܣܦ ܡܢܐ ܫܡܟ : ܘܐܒܐ ܫܐܠ ܠܦܘܠܝܐ ܐܝܟܢܐ ܐܬܦܬ. ܘܐܦ ܫܐܠ ܒܪܐ : ܐܝܟܢܐ ܡܫܬܘܕܥܝܢ ܠܠܒܪ : ܘܐܒܐ ܫܐܠ ܐܝܟܐ ܐܢܬ ܐܕܡ : ܘܩܐܡ ܐܝܟܐ ܗܒܝܠ ܐܚܘܟ. 6. ܘܐܦ ܐܡܝܪ ܕܐܫܬܥܒܕ ܒܪܐ ܠܐܒܐ : ܐܡܝܪ ܗܘ ܥܠ ܐܒܐ ܕܐܫܬܥܒܕ ܠܐܒܪܗܡ. ܐܡܝܪ ܠܗ ܓܝܪ ܕܫܥܒܕܬܗ ܒܢ̈ܝܗܘܢ ܘܥ̈ܒܕܘܬܟ[1] ܐܠܗܘܬܝ. ܘܐܦ ܐܒܐ ܐܫܬܥܒܕ ܠܒܪܝܬܐ ܘܠܐ

Fol. 13 v° *ܒܕܠܐ : ܒܡܢܐ ܡܬܪ ܒܪܐ ܠܐܒܐ. 7. ܘܐܦ ܒܓܒܐ ܒܪܐ : ܒܡܕܒܪܐ ܡܢ ܡܠܐܟܐ : ܐܝܟ ܕܣܡ ܐܒܐ ܠܦܠܛܘܬܐ ܥܠ ܡܪܘ[2] : ܥܠ[3] ܐܬܘ ܠܡܥܕܪܘܗܝ ܕܡܪܝܐ. ܘܐܦ ܓܪܝܬ ܠܒܪܐ ܘܐܬܟܡܪ ܒܒܪܢܐ ܕܡܠܟܘܬܗ : ܐܝܟ ܕܐܬܬܘܝ ܐܒܐ : ܥܠ ܕܒܒܐ ܠܐܕܡ : ܘܟܪܝܬ ܠܗ ܒܠܒܗ. ܘܐܦ ܒܠܒܐ ܥܠ ܒܪܐ ܕܢܣܒ ܘܐܟܠ : ܐܝܟ[4] ܥܠ ܐܒܐ : ܕܢܣܒܬ ܥܠ ܦܘܪ ܚܢܢ ܘܐܟܠܘ. 8. ܐܘ ܡܗܕܝܢܐ ܒܟܠ ܠܒܐ·· ܠܘ ܐܝܟ ܡܢܐ ܕܐܝܬܘܗܝ ܐܠܗܐ ܡܡܠܠ ܒܗܢ. ܡܛܠ ܕܠܐ ܡܫܟܚܝܢ ܗܘܝܢ ܠܡܫܡܥ. ܐܠܐ ܐܝܟ ܕܡܨܝܢ ܚܢܢ. ܡܛܠ ܒܗܢ. ܚܢ, ܡܢܐ ܐܡܪ ܒܢܒܝܐ ܠܡܫܡܥܐ : ܒܪ ܫܡܥܘ ܘܠܐ ܬܫܟܚܘܢ ܕܘܪܝܐ : ܘܦܘܪܢܐ ܕܡܬܦܪܥܢ ܗܘܐ ܒܢܘܪܐ. ܡܛܠ ܠܡ ܐܝܬ ܒܗܢ : ܘܠܐ ܢܡܠܠ ܒܗܢ ܐܠܗܐ ܕܠܐ ܢܒܥܘܬ. ܐܠܗܐ ܓܝܪ : ܡܒܠܥ ܗܘ ܡܢ ܒܟܠ ܬܪ̈ܒܝܢ ܡܢ ܥܠ ܚܫܒ. ܘܡܢ ܒܠܥܕ ܡܬܪܒܝܬܐ ܐܚܝܕܬܐ. ܘܠܐ ܡܬܒܚܝܢ ܘܠܐ ܡܬܪܝܢ. ܘܠܐ ܡܫܬܒܩܝܢ.

1 Read : ܒܥܠܘܬܟ.

2 Read : ܡܪܘܙ (cf. Jud. 5.23 P).

3 At the top of the page (S.scr.) : ܕܠܐ (cf. Jud. 5.23 P).

4 In margin (S.scr.) : ܕܬܒܥ.

ܟܚܝܪ ܐܠ ܣܝܢܚ ܩܝܚܕܩ ܚ̇ ܡܝ ܠܚܠܝ ܐܡ .1. VIII

5 ܐܚܬ ܐܪܝܚܪܡ .2 .ܚܩܚܚ ܐܚܐܚ ܐܘܐ، ؛ ܡ̈ܐ، * Fol. 14 rᵒ

20 ܝܚܚܚ، ܝܠܝܐܚ * .ܩܚܟܚܚܩ ܝܚܟ ܐܚܐܚܚܝܠܚ Fol. 14 vᵒ

---

¹ Add : ܝܚܚ، following the probable reading of an indistinct marginal note.

ܕܡܪܝܐ ܢܒܢܘܢ : ܗܐ ܕܩܐܡ ܠܡܫܒܚܘ ܠܐܠܗܐ.
.6 ܝܗܘܕܝܐ ܐܡܪ. ܘܡܢܐ ܐܝܬܘܗܝ. ܗܐ ܕܩܐܡ ܠܡܫܒܚܘ
.7 ܣܪܓܝܣ. ܗܐ ܕܩܐܡ ܠܡܫܒܚܘ ܐܝܬܘܗܝ : ܗܘ ܕܩܡ
ܡܢ ܒܝܬ ܩܒܘܪܐ : ܒܪ ܕܝܢܐ ܠܡܗܘܬܐ ܘܩܡ ܘܫܒܚܗ
ܠܐܠܗܐ ܒܪ ܬܠܡܝܕܘܗܝ : ܘܫܒܚܘ ܐܢܘܢ ܠܥܡ̈ܡܐ
ܘܠܠܫ̈ܢܐ : ܕܠܡܠܟܘܬܗ ܢܣܓܕܘܢ : ܐܝܟ ܕܦܩܕ ܕܘܝܕ.
ܐܡܪ : ܕܢܬܒܪܟܘܢ ܒܗ ܟܠܗܘܢ ܥܡ̈ܡܐ : ܘܟܠܗܘܢ
ܢܫܒܚܘܢܝܗ. ܬܘܒ ܘܢܣܓܕܘܢ[1] ܟܠܗܘܢ ܡ̈ܠܟܐ :
Fol. 16 v° ܘܟܠܗܘܢ ܥܡ̈ܡܐ ܢܦܠܚܘܢܝܗ[2]. * ܗܐ ܗܟܝܠ ܕܘܝܕ.
ܦܗܡ ܕܒܗ ܒܡܫܝܚܐ ܐܬܒܪ̈ܟܘ ܥܡ̈ܡܐ. ܘܒܗ ܥܠܒܬ :
ܘܐܦ ܗܝ ܕܐܡܪ ܐܠܗܐ ܠܐܒܪܗܡ : ܕܒܙܪܥܟ ܢܬܒܪܟܘܢ
ܟܠܗܘܢ ܥܡ̈ܡܐ : ܕܐܪܥܐ. ܘܬܘܒ ܢܒܝܐ ܐܚܪܢܐ
ܐܡܪ. ܢܐܡܪܘܢ ܠܟ ܥܡ̈ܡܐ : ܕܫܪܪܐܝܬ ܦܬܟܪ̈ܐ
ܕܐܘܪ̈ܬܘ ܐܒ̈ܗܝܢ ܠܐ ܡܕܡ ܐܝܬ. .8 ܝܗܘܕܝܐ ܐܡܪ.
ܗܝ ܕܢܣܓܕܘܢ ܠܗ ܟܠܗܘܢ ܡ̈ܠܟܐ : ܟܠ ܥܠܡܝܢ
ܐܡܝܢܐ. ܐܡܪ ܓܒܪ ܒܬܟܐ. ܕܟܠܗܘܢ ܡ̈ܠܟܐ ܕܐܪܥܐ :
ܒܥܝܢ ܠܡܚܙܝܗ ܦ̈ܪܨܘܗܝ. ܘܠܡܫܡܥ ܚܟܡܬܗ. ܘܡܠܟܬ
ܫܒܐ : ܡܢ ܒܒܪ̈ܝܬܗ ܕܐܪܥܐ[3] ܐܬܬ ܠܫܠܡܗ : ܒܕܗ̈ܒܐ
ܘܒܐܒ̈ܢܐ. ܘܟܠܗܘܢ ܡ̈ܠܟܐ ܒܕܡܘܬܗ ܐܝܟ ܗܘܘ.
.9 ܣܪܓܝܣ ܐܡܪ ܐܡܪ ܠܝ ܝܗܘܕܝܐ. ܠܡܢܐ̈ ܡܫܡܫܗ.
ܒܬܟܐ : ܕܡ̈ܠܟܐ ܕܐܬܘ ܠܘܬ ܫܠܡܘܢ : ܠܡܢܐ̈ ܐܦܢ[4]
ܡܢ ܕܝܠܗ ܦܬܟܪ̈ܐ ܠܣܓܕܬܐ ܕܝܠ ܐܠܗܐ : ܐܘ ܐܝܬ
ܡܫܝܚ ܐܝܬ ܡܫܡܫܢ ܥܠ ܗܕܐ. .10 ܝܗܘܕܝܐ ܠܐ ܐܡܪ
ܒܬܟܐ ܕܐܦܢ ܐܢܘܢ ܡܢ ܕܝܠܗ ܦܬܟܪ̈ܐ. ܐܠܐ ܦܢܝܘܣ
ܫܘܕܒ ܐܢܘܢ ܚܕ ܐܠܗܐ. .11 ܣܪܓܝܣ. ܕܒ ܝܚܝܕܝܐ.
ܕܐܪܒܥܝܢ ܫ̈ܢܝܢ ܒܠܚܘܕ ܐܡܠܟ ܫܠܝܡܘܢ. ܒܪ ܠܘ
ܒܠܗܝܢ ܫ̈ܢܝܐ ܦܠܚ ܠܡܪܝܐ. ܒܬܟ ܓܒܪ. ܕܒܪܒܝܐ

[1] Above the line (S.scr.) : ܠܗ (cf. Ps. 72.11 P).

[2] Or.scr. has added ܢ below the line; read : ܢܦܠܚܘܢܝܗ.

[3] Read : ܕܐܪܥܐ.

[4] In margin (S.scr.) : ܐܦܢ.

5   * ܡܗܕܐ ܐܬܪܡܝ ܕܠܐ ܕܒܥܠܬܐ ܠܟܝܢ .12 Fol. 17 rᵒ
ܕܐܪܝܢ̈ܝ ܐܝܪܢܐ ܥܪ ܐܝܟ ܟܕ * ، ܘܣܘܐ ܕܐܬܪܠܕܕܐ ܕܐܪܝܘ Fol. 17 vᵒ
25

---

¹ In margin (S.scr.) : ܐܝܪ̈ܘܬ.

² Delete as unnecessary.

³ Read : ܠܒܥܠܝ.

⁴ Above the line (or.scr.) : ܠܟ.

X. 1. ܘܗܝܒܘ ܠܐ ܐܬܐ ܠܘ ܕܐܪܐ ܗܘܪܡܙܕ : ܗܡ , ܘܗܕܣܝ
---

[1] Above the line (or.scr.) : ܘܗܠ.

[2] Read : ܡܚܠܬܗܝ.

[3] Perhaps emend to : ܐܘ .

[4] Read : ܠܚܣܚܝܣ ; in the MS it looks as though the ܝ has been run into the ܣ.

ܘܬܘܒ ܒܫܡܫܐ ܘܒܣܗܪܐ ܠܢܘܪ ܘܠܡܫܘܒ : ܘܠܐܫ̈ܘܗܝ، ܬܘܒ ܒܡܒ̈ܘܥܐ ܚܕܒܫܒ. ܘܐܡܒܘ ܕܐܬܬ ܢܘܪ ܠܥܒ̈ܕܬܗ ܐܝܟ ܕܦܫܛ ܒܥܘܒ. ܕܡܫܝܚܐ ܗܘܬ ܩܕܡ ܕܒܢܐ. ܘܠܡܢܝܐ ܒܬܘܪ̈ܬܐ ܘܒܥ̈ܒܠܐ : ܠܥ̈ܝܢܐ ܕܣܒܒܐ ܘܕܒܘܢܐ ܗܘ، ܠܦܪܒܘܢ. 5. ܬܘܒ ܘܠܢܒܘܒܕܝܢ : ܒܐܝܠܝܢܐ ܡܬܠ. ܘܠܒܠܡܐ ܒܝܠܡܐ. ܠܕܢܚܐܠ ܕܝܢ : ܢܩܘܬܐ ܕܗܠܡ ܗܝ ܡܐ ܗܘ،. ܘܩ̈ܣܝܐܬܐ ܕܐܝܟ ܗܠܝܢ ܕܒܩܠܐܬܐ ܘܒܡ̈ܬܠܐ ܒ̈ܢܒܝܐ ܐ̈ܬܡܠܠܘ. ܗܐ ܠܡ ܐܦܬܚ ܦܘܡܝ ܒܡ̈ܬܠܐ[1] ܐܡܪ ܕܘܝܕ.. ܗܘܐ ܠܝ ܐܝܒܐ ܢܚܬ ܕܘܝܕ.. ܠܓܘܒܐ ܬܚܬܝܐ ܐܘ ܐܝܒܐ ܚܪܘܗܝ، ܬ̈ܠܒܐ. ܐܝܟ ܕܐܡܪ. ܐܘ ܕܒܝܒܘ ܐ̈ܝܕܘܗܝ، ܘܪ̈ܓܠܘܗܝ،. ܐܘ ܕܦܠܓܘ ܢ̈ܚܬܘܗܝ،. ܐܘ ܕܐܒܠ ܡܪ̈ܪܐ ܘܐܫܬ، ܚܠܐ· ܘܩ̈ܣܝܐܬܐ ܕܒܦܪܘܨܦ[2] ܢܦܫܗ ܡܠܠ. ܘܢܚܕܐ ܡܢܗܘܢ. ܠܐ ܓܒܫܬ ܠܗ : ܐ ܐܝܟ ܕܡܫܬܡܠܝܐ ܐܬܚܬܝ : ܢܘܐ ܕܐܡܬ ܗܘܐ ܠܗ ܩܪܢܐ ܠܕܘܝܕ.. ܐܘ ܐܝܢܐ ܕܕܝܘܐ ܕܐܡܬ ܠܗ ܩܪܢܐ ܒܪܫܗ ܒܕܡܘܬ ܬܫܥܐ ܐܝܟ ܕܐܡܪ. ܢܬܬ̈ܪܡܢ ܠܡ ܩ̈ܪܢܬܗܘܢ ܕܙ̈ܕܝܩܐ. ܐܘ ܐܝܒܐ ܬܒܪ ܡܪܢܐ ܐ̈ܪܙܐ ܕܠܒܝܢ : ܐܘ ܐܝܟ * ܕܐܡܪ ܐܫܒܝܐ Fol. 19 rº ܕܠܒܝܢ ܒܫܘܒܚܗ ܢܦܠ. 6. ܠܐ ܓܪ ܣܦܩܝܢ : ܕܒܠ ܚܕܐ ܚܕܐ ܕܒ̈ܝܫܐ ܐܬܡܠܠ ܒܦܘܣܩܐ ܢܬܒܥܐ : ܐܠܐ ܐ ܕܢܠܐ ܕܐܠܗܐ ܐܢܬ ܣܦܩ ܠܡܦܫܩ ܗܠܝܢ. ܘܕܒ ܕܐܦ ܒܠ ܡܫܝܚܐ : ܒܠܗ̇ ܡܕܒܪܢܘܬܗ ܒܐܪ̈ܙܐ ܘܦ̈ܠܐܣܐ ܐܬܡܠܠܬ. ܗܘܒܪܗ. ܘܒܦܝܗ. ܘܡܠܝܕܘܬܗ. ܘܬܘܪܒܝܬܗ. ܘܬܕܡܪ̈ܬܗ. ܘܢܘܩܦܘܬܗ. ܘܡܥܡܘܕܝܬܗ. ܘܡܫܚܬܗ ܕܠܓܘ ܡܒܪܐ. ܘܡܫܡܗܬܗ ܕܡܢ ܒܬܪ ܡ̈ܚܘܬܐ. ܘܕܣܠܩܘܗ ܠܫܡܝܐ. ܘܕܡܬܒܥܡ ܕܡܢ ܡܫܝܚܐ. ܘܕܒܬܝ. ܢܐܬܐ ܒܠ ܬܒ̈ܝܠܐ ܫܡܝܐ ܒܫܘܒܚܐ ܕܡ̈ܠܐܟܘܗܝ،. ܘܕܕܪܐ ܠܬܒܝܠ ܒܕܝܢܘܬܐ. ܘܕܦܪܥ ܠܒܠܢܫ ܐܝܟ ܥ̈ܒܕܘܗܝ، ܐܝܟ ܕܢܒܝܐ ܒܐܢܐ.

[1] Read : ܒܡ̈ܬܠܐ.
[2] Read : ܒܦܪܨܘܦ.

XI. 1. ܐܢܐ ܐܠܟ ܬܠܒܝܢܐ ܐܬܝ ܒܪܢܐ : ܡܠܟܐ [1]
ܘܐܬܦܛܡ ܠܘܬܐ ܠܬܐ܂ ܕܠܬܝ ܪܠܒܐ ܗ܂ ܂ ܐܪܬ ܠܘܬܝ
ܠܐ ܡܬܦܛܡ ܐܬܝ : ܗܘܐܡܐ ܘܥܒ ܠܐ ܬܥܪܡܢ.
ܥܪܪܢ ܓܠ ܗܘܡܢܬܐ ܗܘܠܝܬܐ ܕܒܥܪܬ ܘܠܐ

Fol. 19 vᵒ.   ܠܥܡܐܠ ܒܩܪ ܠܠܗ ܗܒܬܬ ܐܬܝ : ܡܛܐ ܠܡ * ܝܠ ܩܒܘܪܝ. 5
ܘܠܐ ܗܘܡܢ. ܕܥܒܐ ܓܠ ܠܠܬܬ : ܫܡܐ ܗܒܐ ܪܘܩܒܝ
ܗܘܡܐܢ ܗܘܡܢܝ ܘܐܡܝܢ ܓܡ ܗܕܕ܂ ܕܝ ܕܠܥܒܐ :
ܪܥܐ ܠܗܘܡܢ ܗܘܡܢܝ ܕܐܒܝܡܐ ܝܕ ܗܡ ܠܬܐ ܩܒܠܐ ܘܠܐ
ܕܕܡ ܘܬܒܩܠܐ ܢܩܒ ܠܐ ܗܘܡܐ ܘܠܐ ܐܡܪܐ .2 ܩܒܘܡܐ.
ܘܐܪܟܐ ܐܡ ܥܪ ܒܟܠܕܬ .3 ܣܝܡ. ܝܫܡ. ܬܠܡ ܗܡ ܐܡ 10
ܩܒܐ ܒܪܕܥܒܝܬܐ. ܓܘܩܒܐ ܘܩܘܣܐ ܘܛܠܕܥܐ. ܒܪܕܝ
ܕܝ ܕܠܒܝ ܒܬܩܠܐ ܕܠܐ ܐܬܘܠܬ ܡ 2 ܒܪܐ ܕܐܠܬܐ. ܐܘܪܢ ܕܝ
ܝܝ ܪܩܒܝ. ܓܠܩܬ ܠܩܒܠܬ ܕܬܠܩܝ ܠܐ ܠܐܒܝܡ, ܘܛܠܕܥܐ :
ܗܘܐ ܠܟܠܥ ܠܥܬ ܐܢܬܢ ܐܬܘܒ ܐܠܟ ܩܒܠܐ ܒܩܪ ܘܒܪܕܝ
ܣܩܒܝܡ. ܘܪܢ ܗܡܝ ܐܢܬܢ ܠܒܪܐ ܡ ܒܩܠܥ 15
ܠܝ ܕܠܐ : ܠܒܩ ܠܥܡܠ ܒܩܪ : ܩܒܘܝ ܠܒ ܠܐ
ܒܥܪ ܐܘܩ ܐܡ ܗܘܥܒ ܒܫܠܟ ܘܠܐܪ : ܒܥܪ ܓܠܘ
ܒܡܠܐܘ ܝܒ ܐܝ ܒܫܠܟܘ ܥܘܒܡ ܡܫܒ ܒܥܪ ܒܠܟܬ ܣܒ ܗܡ
ܘܠܐ ܩܒܝ .4 ܗܘܡܐ. ܐܝܘܐ ܗܘܡܐ ܒܪܕܝ
ܘܒܪܕܝ. 5 ܩܒܝܡ ܒܩܠܣ ܒܩܘ ܗܘܒ ܗܘܡܐ 20

Fol. 20 rᵒ.   ܒܠܕ * ܐܝܟ ܪܒܝܝ ܠܥܝ ܬܪܕܝ ܒܪܪܐ ܒܩܒܪܝܬܡ.
ܘܒܩܒܪܬ ܝܠ ܒܪܢ ܓܠܘ ܐܘܪܟ. ܒܩܠܐ ܡܐܠ ܒܣܡ ܝܥܡ
ܗܘܡܐ ܬܟܐ ܗܘܐ ܒܩܪܘ ܒܫܠ : ܘܩܠܣ ܣܒܩ ܒܡܘ
ܩܒ ܪܒܥ ܗܘܡܐܪ ܣܪܡܪ ܠܒܥܒܠܬܐ. ܒܠܒ ܠܐ ܠܝܒ ܠ
ܒܪܝ ܒܠܟܝ ܡ ܒܡܐܪ ܗܘܡܐ ܘܐܬܡ. ܐܠܪ ܠܒ ܒܠܝܪܟ ܒܡ 25
ܒܩܒܪܬ ܒܪܥܒܬ ܒܪܝܩܬ. ܘܐܘܪ ܐܦܩ, ܗܘܒܐܡ, ܒܡ ܒܩܪ
ܒܩܘܝ. ܟܝܪܕܝܡ, ܒܠܕ ܕܪܟܐ ܐܠܟܐ ܐܪܒܣܡܘ. ܒܪܕܝܟܪܕ
: ܒܩܒ ܘܥܝܘܪ ܥܘܡܒ ܥܘܡܪ ܒܥܪܬ. ܠܟܐ ܕ ܡܣܐܪ ܐܬܝ :
ܕܐܪܟܒܬܡܠ ܣܩܪ ܘܩܒܝ ܒܟܩܝܐ : ܐܘ ܬܪܩ ܕܘܝ ܣܒܩܣ

[1] Or.scr. has added ܐܬܝ above the line before ܒܠܟ.

[2] Read : ܐܒܝܡ,.

5 ܡܢ ܕܘܩܘܝ̈ܐ. ܕܒܡܝܢ.ܝܢ * ܐܝܟ ܡܠ ܕܬ ܕܐܒܘܚ. ܕܟ ܕܠܘܗ̈ܝ ܡܢ   Fol. 20 v°

ܗܟ̈ܒܚ̈ܒܝ ܡܘܘܗ ܕ̈ܝܘ̈ܚܘ ܐ ܕ̈ܝܘܘ̈ܗ ܐ̈ܒܘܬ * ܕܒܟܘܘܒ̈ܐ ܐ ܟ   Fol. 21 r°

---

1 At the bottom of the page (S.scr.) : ܐܘܪ (cf. Ps. 119.21 P).

2 In margin (S.scr.) : ܗܘܡ.

ܪܝܫܝܐ ܪܝܐ‎ ...

Fol. 21 vᵒ   ...

---

[1] Read : ܡܬܚܫܚ ; S.scr. has crossed out the first ܡ and written ܚ above it.

[2] Read : ܐܠܗܐ.

[3] In margin (S.scr.) : ܗܘ.

[4] Read : ܕܒܝܢ.

[5] An Aphʻel form of ܣܡ seems to be mentioned only in the lexicon of George Karmsedinoyo, and there as an equivalent to the Paʻel ܣܡ in the meaning 'to point' a book (cf. PS, col. 2561). Perhaps we should read : ܣܡܝܗ.

Fol. 22 rº ܠܙܕ̈ܝܩܐ. ܘܠܥܒ̈ܕܘܗܝ. * ܬܘܒ ܩܪܐ ܐܚܪܢܐ[1] ܐܝܟ ܕܐܡܪ ܒܝܕ ܐܫܥܝܐ. ܘܢܚܙܘܢ ܠܗ ܡܪܝܐ: ܘܠܥܒ̈ܕܘܗܝ. ܢܘܪܐ ܫܡܥܐ ܐܚܪܢܐ. ܗܘ ܕܝܢ ܒܐ̈ܬܢܝܬܐ. ܕܡܬܦܫܩ ܡܫ̈ܝܚܐ. 12. ܐܬܟܠ ܡܛܠ ܐܝܟ ܢܚܡܬܐ̈ ܕܐܦ ܒܝܘܡܘܗܝ ܕܐܠܝܐ: ܥܡܐ ܠܬܪܬܝܢ ܦܠܓ̈ܘܢ[2] ܗܘܐ. ܐܡܪ ܠܗܘܢ ܟܕ. ܕܥܕܡܐ ܠܐܡܬܝ، ܦܠܓܝܢ ܐܢܬܘܢ ܠܬܪܬܝܢ ܦܠܓ̈ܘܢ. ܐܢ ܡܪܝܐ ܗܘ ܐܠܗܐ: ܬܠܘ ܒܬܪܗ. ܘܐܢ ܒܥܠܐ ܗ̇ܘ ܬܠܘ ܒܬܪܗ. ܐܝܟܢܐ ܕܐܦ ܗܘ ܐܡܪ. ܕܢ. ܢܦܠ ܐܢܘܢ ܠܡ̈ܬܠܠܐ ܩܠܝܠ ܒܟܠܗ ܘܐܡܪ. ܒܝܘ ܘܫܘܐ ܐܢܬ ܡܢ ܐ̈ܒܘܗܝ، ܕܡܪܝܐ ܒܝܬܗܘܢ ܒܟܠܗ ܒܗܬ ܒܟܠܗ. ܘܐܡܪܘ ܠܝܬ ܗܢܝܢ ܥܠܬܐ ܒܗܘܢ ܢܒܪܗ. 13. ܗ̇ܝ، ܡܛܠ ܗܕܐ ܡܬܠܐ ܘܕܟܝܬܐ ܕܡܪܝܐ ܐܬܐܡܪ، ܠܗ̇ ܫܡܥܐ ܚܕܬܐ ܒܕܬܐ ܘܩ̈ܫܝܫܐ. ܘܒܗ ܗ̇ܘ ܕܒܗܘܢ ܥ̈ܡܡܐ ܘܐܬ̈ܦܠܓܘ ܒܝܕ ܗܝܡܢܘܬܐ ܕܡܫܝܚܐ ܘܐܬܒܪ̈ܟܘ. ܘܡܟܝܠ ܗܘܬ ܗ̇، ܕܐܡܪ ܐܠܗܐ ܠܐܒܪܗܡ. ܕܒܙܪܥܟ ܢܬܒܪ̈ܟܘܢ ܟܠܗܘܢ ܥ̈ܡܡܐ ܕܐܪܥܐ. ܘܗܘܬ ܠܗ̇ ܒܢܝܐ ܚܕܐ: Fol. 22 vº * ܘܚܕ ܪܥܝܐ ܡܫܝܚܐ. 14. ܒܗܕܐ ܕܝܢ ܗܝܬܗ ܕܡܪܝܐ ܐܝܬ ܗܘܘ ܠܗܘܢ ܬܒܥܐ. ܠܒܥܠܬܐ ܕܝܢ ܬ̈ܠܬܬܐ ܟܠܝܢ ܐܝܟ ܠܗ̇: ܘܐܝܟ ܕܒܡܘܪܒܐ ܘܪܒܐ ܡܬܒܥܝܐ ܒܪܫܝܢܘܬܐ. ܡܛܠ ܗܢܐ ܐܡܪ ܕܗܘܐ. ܒܦܠܓܘܬܗ ܕܡܪܝܐ ܪܝܫ ܕܐܦܪ ܦܘܩܕܢܝܢ. ܘܡܫܠܡܢܘܬܐ ܥܦܪܐ ܘܩܘܪ̈ܒܢܐ ܛܒܝܐ: ܕܒܬܪܟܝܢ ܒ̈ܢܝܢܝܐ: ܒܠ ܗܕܐ ܘܡܫܬܡܠܝܐ ܡܫܝܚܝܐ[3] ܐܢܫܝܢ. ܢܗܘܘܢ ܠܗ ܒܕܝܢܐ ܬܬܦܪܘ ܘܡܫܝܚܘ ܒܪܘܚܐ. ܘܬܒܥܐ ܕܒܠܗ ܘܕܩܦܠܐ ܐܚܝܕܐ. ܘܬܘܒ ܘܢܐܬܐ ܡܢ ܢܗܘܘܢ[4] ܦܘܪܫܢܐ: ܘܢܗܘܘܢ ܡܠܟܐ ܡܢ ܡܫܝܚܐ. ܘܡܫܢܝܢ ܐܡܪ. ܘܐܡܪܝܢ ܠ

[1] Perhaps ܫܡܐ should be restored here.

[2] In margin (or.scr.) : ܦܠܓܝܢ

[3] The sign over these two words indicates that the corrector thought that they should be reversed. An attributive adjective normally follows the noun in Syriac but the two can be reversed for emphasis (cf. NÖLDEKE, *S.G.*, § 211); but cf. p. 28, l. 3.

[4] The MS is corrupt reading something which looks like ܢܗܘܘܢ.

Fol. 23 rᵒ : ܬܒܕܒܪܬ ܘܒܪܘܢܐ ܘܐܠܝܐ * ܐܠܒܣ ܕܢܒܢܘܗܕ. ܘܒܪ̈ܬܬܘܗ̈ܝ ₅
Fol. 23 vᵒ ܟܒܠ ܟܢܒ ܟܕܠ ܘܒܣܘܒ ܟܠ ܡܝܪ ܢܪ̈ܐܢ : ܢ̈ܝܒܕܒ * : ܟܕܒ ܘܒܪ̈ܐܕ
---

¹ The MS inserts an unneccessary ܐ between ܐܝܟ and ܠܒܘܠ.

XII .1 ܗܘܕܝܢܐ ܐܡܪ. ܐܘ ܡܠܟܢ ܒܢܝܐ̈ ܕܠܡܠܟܐ
ܦܩܕ. ܐܢܬ ܠܥܠܝܡܐ ܬܟܬܒܝܢ : ܘܟܬܘܒ ܠܢ ܡܢ
ܒ̈ܫܒܝܠܐ ܦ̈ܩܝܐܐ. ܘܢܦܩܬ ܒܬܪܝܢ ܕܐܦܝܢܢ ܥܠ
ܬܒܥܬܐ : ܘܡܢܕܝܢ ܡܒܥܝܢ ܐܢܬ ܠܝ ܒܝܬ ܐܘܪܚܐ. ܠܐ
ܬܒܪܘܡ ܡܢ ܫܘܐܠܐ. ܚܕ ܗܘܝܬ ܕܡܪܗܒ ܐܢܐ ܠܝ
ܒܗܕܐ. 2. ܐܡܪ ܠܝ * ܡܟܝܠ. ܠܥܠܝܡܐ ܠܡܠܟܐ ܦܩܕ. Fol. 24 rº
ܐܢܬ. ܚܬܐܬܬ ܐܡܪ ܠܝ. ܘܫܡܕܒܢ ܩܕܬܢ. ܫܪܒܗ
ܕܝܢ ܕܡܫܬܚܝ ܠܐ ܬܘܒ ܬܐܡܪ ܠܝ. ܚܕ ܐܢܐ ܠܗܝܢ ܓܒܪ.
ܠܗܠܝܢ ܕܒ̈ܢܝܐ ܕܒܠܗܘܢ، ܐܡܪܘ. ܗܕܐ ܬܒܥ ܐܢܐ
ܡܢ ܬ̈ܠܝܬܐ : ܕܬܦܫܘܩ ܠܝ ܕܠܡܠܟܐ ܦܩܕ. ܐܢܬ ܠܥܠܝܡܐ.
ܕܡܠܬܘܢܗ̇ ܠܐܪܒܥܐ ܬ̈ܠܝܒܐ ܒܟܠ ܕܘܟܐ. 3. ܦܪܓܘܣ
ܐܝܟ ܚܒܝܡܐ ܐܓܪ ܪܘܚܢ ܥܠ ܫܘܐܠܝܢ. ܘܫܩܒܠ
ܒܒܗܠܘܬܐ ܠܕܡܐܡܪ ܍. ܗܕܐ ܓܒܪ ܐܬܝܗ̇ ܦܠܣܦܘܬܐ
ܡܓܪܬ ܪܘܚܐ. ܠܐ ܓܒܪ ܙܘܢ ܕܡܠܬܐ ܕܗܝܡܢܘܬܐ
ܒܥܓܘܫܝܐ ܬܗܘܐ. ܐܠܐ ܒܪܡܫܘܬܐ ܘܡܫܝܒܪܘܬܐ.
ܫܡܥ .. ܡܟܝܠ[1] ܕܣܘܦܪܗ ܕܡܫܘܚܐ ܠܐ ܐܦܝܫܢ.
ܕܒܙܘܢ ܕܠܥܠܝܡܐ ܕܒܗ : ܚܟܡ ܬܕܡܪܬܐ ܥܠ[2] ܒܡܚܝܪܝܢ
ܘܡܕܒܪܢܐ : ܘܫܪܒܐ ܕܬܫܘܬܐ ܕܡܢ ܢ̈ܒܝܐ ܐܢܬܝܢ[3]
ܘܕܫܒܝܢ ܠܐ ܬ̈ܦܣܝܢ ܠܝ : 4. ܢܐܡܪ ܠܝ ܬܫܘܬܐ
ܫܕܐ ܡܢ ܕܒܠܡܐ. ܠܒܫܐ ܕܝܢ ܕܡܠܟܘܬܐ : ܕܐܝܢ
ܗܒܢܐ ܐܢܬܘ[4] ܐܝܢ ܕܐܦ ܐܢܬ ܚܕ ܐܢܬ. ܕܡܠܟܐ ܡܐ
ܕܐܡܠܝܢ : ܘܡܬܒ ܥܠ * ܒܡܘܪܣܝܐ[5] ܕܡܠܟܘܬܗ ܘܪܒܝܢ Fol. 24 vº
ܠܦܓܪܬܗ ܚ̈ܠܘܬܐ ܕܦܠܚܘܬܗ. ܒܕܠܐ ܦܚܝܡ ܥܠ
ܬܫܒܚܬܐ ܕܒܠܗܘܢ، : ܕܐܢܫ ܢܬܠܐ ܠܗܘ ܍ : ܕܐܒܕܢܐ
ܐܢܬܘܢ، ܗܘ ܡܠܟܐ ܐܘ ܥܠ ܦܠܚܘܗ : ܐܘ ܥܠ ܐܫܬܒܡܐ
ܕܡܠܟܘܬܗ. ܒܗ̇، ܕܒܢܝܐ ܒܢܝܐ ܚܝܢ ܒܗ ܘܫܓܪܝܢ

[1] Corrected to : ܡܟܝܠ by or.scr.

[2] Following the scribal sign read ܥܠ before ܬܕܡܪܬܐ.

[3] Read : ܐܢܬܝܢ.

[4] Read : ܐܢܬܘܢ،.

[5] Read : ܒܡܘܪܣܝܐ.

ܒܡܘܪ̈ܒܗ[1] ܬܘܒ: ܒܡܠܐ ܕܡܠܟܐ ܗܘ ܒܡܘܒܠܗ
Fol. 26 v° ܡܢܝ: ܕܠܡܠܟܘܬܗ * ܠܡܦܪܩܘܢ. 13. ܗܕܟܢܐ ܐܦ ܚܢܢ.
ܒܕܡܐ ܕܐܬܐ ܡܫܝܚܐ: ܠܡܠܟܘܬܗ ܣܒܪܝܢ ܚܢܢ ܕܐܬܘܗܝ
ܬܘܦܣܐ ܕܙܩܝܦܘܬܗ. ܐܡܪ ܠܝ ܓܝܪ. ܕܗܟܢܐ ܗܘܝܬܘܢ
ܥܒܕܝܢ ܠܕܘܟܪܢܝ. ܥܕܡܐ ܕܐܬܐ ܐܢܐ. ܗܢܐ ܕܝܢ ܕܐܬ݂ܐ:
ܠܐ ܡܫܡܫܝܢ ܕܠܬܘܦܣܐ ܠܡܫܝܚܘ.. ܒܗܕܗ ܓܝܪ ܗܘ̇ܝܢ
ܚܢܢ. ܘܡܫܠܡܘܬܗ ܚܙܝܢ ܚܢܢ. ܘܟܠ ܦܬܘܪܗ ܡܬܒܣܡܝܢ
ܚܢܢ. ܒܗ̇ܘ ܥܡܐ ܚܙܝܢ ܢܨܚܢܘܗܝ. ܘܡܗܝܡܢܝܢ ܠܢܦܫܗܘܢ
ܘܠܐ ܩܒܠܘܗܝ. ܡܢܐ ܕܒ̈ܢܘ ܢܫܐ ܕܠܡܠܟܘܬܗ ܒܥܬ ܐܪܥܐ
ܠܡܫܝܚܐ: ܘܐܚܝܕ ܘܐܚܝܕ ܡܢ ܦ̈ܩܘܕܐ ܠܡܦ̈ܩܘܕܐ ܘܡܠܟܐ[2]
ܕܡܪܝܐ ܕܡܥܒܕ ܘܬܡܢ ܡܢ ܗ̇ܘ ܕܠܦܘܪ ܫܩܠ. ܘܗܕܝܢ
ܒܝܕ ܕܡܪܝܐ[2] ܕܦܘܩܕܢܐ: ܡܬܒܥܝܢ ܠܗܪ̈ܡܐ ܒܥܒ̈ܕܐ
ܕܟܝܢ̈ܝܐ: ܐܝܟ ܕܝܫܡܥܐܝܠ ܦܩܕ ܐܬܠܒܘ. ܡܫܬ̈ܝܐ ܓܝܪ
ܡܬܚܫܒܝܢ ܘܫܢ̈ܝܐ ܡܢܝܢ. ܘܡܬܠܒܒܝܢ ܐܒܗ̈ܬܐ. ܠܗ̇ܘ.
ܘܒܝܬܐ ܕܕܒܝܩܐ ܒܐܢܫܐ. ܕܢܬܦܪܥ ܒܠܒܟ ܐܝܟ ܬ̈ܓܪܘܗܝ.
Fol. 27 r° ܗܘܝܢ ܐܢܫ ܢܐܬܐ ܥܠ....[3] 14. * ܡܟܝܠ ܐܢܐ ܕܐܡܪܬܘܢ
ܡܢܗ̇: ܐܡܪ ܐܢܐ ܥܒܪܐ ܐܝܟ ܕܢܒܝܐ ܐܢܐ ܘܠܐ ܡܫܠܡܐ
ܐܢܐ: ܐܢܗܘ ܕܐܝܬ ܡܫܝܚܐ: ܐܝܟ ܕܡܬܟܬܒ ܒܟܬܒ̈ܐ
ܕܢܒܝ̈ܐ: ܗܢܐ ܕܡܟܪܙܝܢ ܐܝܬܘܢ ܐܝܬܘܗܝ. ܘܠܐ
ܐܚܪܢܐ. ܘܠܐ ܐܝܬ ܡܫܝܚܐ ܐܚܪܢܐ ܕܐܠܗܐ. ܘܫܗܕܝܢ
ܢ̈ܒܝܐ ܘܫܠ̈ܝܚܐ ܘܡܫܝܚܝܘܬܐ ܕܕܝ̈ܢܐ. ܐܝܟ ܕܐܬܢܒܝܬ
ܡܢ ܠܥܠ. ܘܠܐ ܬܠܡܝܕ ܐܢܐ ܘܠܐ ܡܫܠܡܐ ܐܢܐ. ܡܛܠ
ܡܫܠܡܘܬܐ ܕܐܫܠܡܬܢܝ: ܘܐܢ ܐܚܪܢܐ ܢܐܬܐ ܗ̇ܘ ܕܥܠܡܐ
ܗܘ ܘܡܒܥܐ. 15. ܣܪܓܝܣ ܘܐܡܪ ܗܕܟܢܐ ܢܒܝ ܐܝܬ: ܡܛܠ
ܡܫܝܚܐ ܠܐ ܡܘܕܐ ܐܢܬ. 16. ܗܘܕܝܐ ܠܐ ܡܘܕܐ ܐܢܐ
ܡܛܠ ܬܪܬܝܢ. ܚܕܐ ܕܠܐ ܡܢܦܩܐ ܠܝ ܠܒܝ: ܕܐܫܬܒܘܩ

[1] Read : ܒܡܘܪ̈ܝܗ̇.

[2] In margin opposite lines 13-15 of fol. 26v (ܕܡܪܝܐ . . . ܘܡܠܟܐ) S.scr. has written ܫ̈ܢܝܬܐ ܘܫܢܝܐ.

[3] A folio is missing after 26v. We may conjecture that the Disputation went on from here with an allusion to Dan. 7.13f.; cf. also the Introduction to the Translation, p. 58.

ܠܒܥܐ ܗܘܐ ܕܐܡܪ̈ܝܢ : ܘܐܟܪܝܘ ܗܘ ܕܘܢܬ ܐܠܐ ܐܢ ܡܢ ܩܕ ܠܐ ܚܒ̣ܬ :

ܣܘܠܝܘ .17 ܐܢܩܒܐ ܕܝܠܘܩܘܣܝ ܐܟ ܝܠܝܓܒܐܬ ܕܐܠܐ ܕܪܐܫܐ ܠܘܩܒܠ.

ܗܘܐ ܡܘܢܐ : ܪܝ ܪܝܒ ܐܢܬ ܡܢ ܠܘ ܪܝܒܐ ܪܝ : ܐܠܐ ܪܒܝܢ ܡܢ ܒܝܕ ܪܒܝܢܐ.

ܐܠܐ ܡܢ ܝܠܬܐ ܗܝ . ܐܠܐ ܟܠ ܐܢ̇ . ܐܠܐ ܢܒܝ ܕܪܒܢ ܝܠܕ ܡܢ ܪܒܝܢܐ ܗܝ

5 ܐܢܬܐ. * ܕܚܒܝܠ ܘܡܒܝܪ. ܐܠܐ ܪܒܝ ܢܒܝ ܡܢ ܪܒܝܢ[1] ܕܠܐ Fol. 27 vo

ܐܢܬ ܠܗ ܫܐܠܬܐ ܘܝܣܘܪܐ .18 ܗܘܡܐܢ ܥܠ ܗ̇, ܕܐܢ

ܟܝܢܐ ܐܢܐ ܘܐܠܐ ܠܐ ܡܬܚܙܝܐ ܠܘ . ܐܠܐ ܒܝܬ ܐܠܐ . ܐܝܟ ܕܢ ܩܪܒܘ.

ܘܘܩܝ ܠ ܩܘܒܠܝܟܐ : ܠܥ ܐܠܝܟܐ ܕܒܟܣܪܐ ܐܢܐ . ܕܪܝܠܐ ܐܢܬ

ܘܐܬܚܝ ܟܘܠܝܟܐ ܘܕܘܟܠܐ ܠܗܝܩ . ܘܡܝܘܚܝܢ[2] ܝܣܘܩ .

10 ܝܣܘܠܝܥ .19 ܣܝܠܝܩ ܪܝܪܝ ܠܒܪ ܕܚܒܘܝ ܐܠܐ : ܗܘ ܘܩܪܩܕ

ܘܠܗ ܠܒܪ ܥܡ ܚܣܒܐܝ ܩܪܩ.

ܘܘܩܝ ܝܗ̣ܘ ܠܐ 3.1 XIII ܗܘܡܐ ܟܝܢܐ ܠܝܬ ܒܩܘܒܠܐ : ܠܐ ܬܘܩܒܘ

ܠܝܪ̈ܝܐ ܟܝܪܟܬܐ. ܬܐܠܝܬ ܒܢ . ܕܬܪܝܬܝ ܐܬ̇ܘܗܝ ܩܝܘܡܗܘܢ̈

ܪܝܪ̈ܩ ܝܩܘܪ ܐ̇ܘܗܝ ܗܘܐ ܒ ܪ̈ . ܐ̇ܘܗܝ ܪܝܟܘܡ.

15 ܕܟܬܝܢܐ ܒܒܝ̈ܥܐ ܩܒܝܘ . ܕܡܩܒܠܝܢ ܐ̇ܘܗܝ ܝܩܘܒܝܢ̣

ܘܩܪܠܝܢܐ ܩܪܝܠܐ ܘܠܐ ܟܒܝܒ̈ܐ ܘܠܐ ܐܠܐ ܣܝܢ ܐ̇ܘܗܝ . ܘܠܐ ܗܘܐ ܒܠܘܩܕ.

ܐܠܐ ܘܡܗܠܬܐ ܘܘܣܝܢ̣ ܐ̇ܘܗܝ ܠܝܪ̈ܝܐ ܥܝܒܘ ܪ̈ܝܢ

ܘܩܝܪܝܒ Fol. 28 ro . ܘܠܚܝܘܬܐ ܕܗܢܐ̇ܡ * ܒܝܟܘܢ̣ : ܣܩܒܬܝܒ̈ܣ

ܣܝܪ ܐ̇ܘܗܝ . ܐܝܟܗ ܗܘ ܗܢܐ ܝ̣ܣܝܪܢ̣[4] ܗܘ ܐܘ ܢܚܝܘܬܐ ܠܐ ܘ

20 ܗܢ ܩܕܪܝ ܠܝܪ̈ܝܐ ܒܝܪ ܒܝܘܩ : ܩܒܘ ܒܘܩܝ ܕܪܝܢܐ

---

[1] In margin (S.scr.) : ܕܐܢܠܘ.

[2] Read : ܡܝܘܚ.

[3] There is a wavy red line across the page at this point with what appears to be ܬܠܘܟ written upside down in the margin opposite it. There is another indistinct word above ܬܠܘܟ. This may indicate that at this point another scribe has taken over, but since the script before and after the line is identical this seems unlikely. Since the line coincides with a real division in the argument, it is more probably the attempt of a scribe to indicate the divisions in the argument. We might compare BM Add. 14, 623, fol. 19v, where in the right hand margin ܬܠܘܟ marks the end of one set of extracts from the writings of John Chrysostom and the beginning of another.

[4] At the top of the page a scribe has added : ܪܒܐ.

Fol. 30 rº ⁴ ܐܬܕ̈ܝܐ ܐܠ. * ܕܩܡ̈ܠܪܐ ܕܡ̈ܠܝܘܪ ܕܡ̈ܡܚܐ ܬܚܕ. ܢܚܡ
---

¹ Above the line and also in margin (S.scr.): ܒ̈ܚ̈ܡ. Also in the margin a much
later corrector(?) has made the same addition.

² In margin (S.scr.): ܝܡ̈.

³ Read: ܘܝ̈ܠ̈ܡ̈ܐ.

⁴ Following the scribal sign read: ܐܬܕ̈ܝ ܕܠܐ

ܚܒܪ̈ ܫܡܥ * ܥܒܕ ܒܪ ܢܝܢ ܀ : ܒܪ ܐܝܬ̈ܝ ܒܪ ܗܘܐ܀ 18. ܡܫܝܥ ܀   Fol. 30 vº

ⁿ5 ܐܝܪ. ܗܘ ܣܒ̈ܡ ܚܬܐܘܢܐ ܛܠܠܝ ܟܪ̈ܝܢ. ܗܘܐ ܠܦ ܚܣ 1

ⁿ10 ܚܒܐܒ. ܚܪܝܚܘܡ. 19. ܐܟ ܠܚܐ ܠܚܕܪ ܀ .ܐܝܪ ܚܛܚ ܚܠܐ

ⁿ15 ܠܕܪܒ ܐܝܟ ܐܠܐ ܝܩܚܕ ܩܚܪܐ ܐܝܟ ܐܠܐ ܝܟ ܐܝܪ ܀ ܠܕܝܪ̈ܐܝܬܐ.

ܠܩܘܒܐܟ ܠܒܘܪܚ * ܐܠܐܚܐ܀ .ܡܗܘܒܚ ܀ ܐܟܪ̈ܐ ܚܒܝ̈ܕܐ ܪ̈ܝܒܪ ܐܝܬ̈ܪܘܡܚ   Fol. 31 rº

ⁿ20 ܐܘ ܥܠ ܠܚܡ ܒܪܒܝ ܩܐܡ ܒܪܩ ܠܩܘܒܐܟ : ܐܠܢܐܟ ܒܪ̈ܒ.

ⁿ25 ܚܒܘܚܐ ܝܩܝܚ ܚܒ̈ܐ ܒܪܩ ܩܚܡ ܟܒ ܠ.ܙܩ̈ܕ ܐܝܪ̈ܐ ܚܐ.ܙܘܩܐ ܚܐܬ̈ܘܡ ܀ ܐܝܒ.

---

1 Above the line (S.scr.): ܟܐܡ.

2 Read: ܫܒܝܩܝܢ.

XIV. 1. * ܣܪܓܝܣ ܐܬܐ ܚܕܒ̈ܫܒܐ ܒܚ̈ܝܡܘܗ, ܠܒ̈ܪܝܪܐ. ܗܠܡ   Fol. 31 v°

ܕܟܬܐ ܐܝ̈ܪܒ. ܕܛܒ̈ܝܠ ܐܝܟ ܐܢܘܢ ܚܠܟܐ̈ ܬܘܒ *   Fol. 32 r°

[1] In margin S.scr. has added: ܟ̈ܫܝܪ, no doubt with the intention of providing a subject for ܟ̈ܪܝܣ, and therefore necessitating the translation: '... the dead are holy...' Since this is the opposite of the required sense, the addition should not be read.

ܪܫܝܢ ܐܢܬܘܢ ܡܕܒܪܠܠܘܐܬܟܘܢ. ܘܩܝܐ ܠܒ ܟܠܗ ܒܢܝܐ.

ܘܡܐ ܐܠܗܐ ܪܡܠܝܟܘܢ ܐܢܬܘܢ ܕ ¹ . ܘܐܟܕܪܒܪܐܝܘ ܐܠܪܒܢܝܪܘܡ.

ܘܐܠܟܡܐܐܘܐܩܘܠܒܐ ܪܩܥܡܐܪܥܝܐ. ܘܐܬܘܐ ܪܢܦܠܟܘܬܗ.

ܠܒܘܪܝܕܗܬܐ ܟܝܠܝܪ. ܘܐ ܕܝ. ܘܐܠܐ ܐܬܟܪܗܝܟܘܢ ܗܡܐ

5 ܠܒܕܒܪܐ: ܒܪܐܠܐ ܚܡܝܥ ܐܢܬܘܢ. ܒܡܝܪ ܚܡܪ ܪܡܝܐ ܐܢܬܘܢ.

ܠܥܡܠ ܪܥܝܪ ܪܡܝܚ ܐܢܬܘܢ ܠܡܐܒܪܗ. ܡܙܟܝܬܐ.

ܘܐܠܐ ܠܟܡ ܚܟܘܩ ܐܢܬܘܢ. ܘܗܡܐ ܡܙܒܪ ܐܟܝܐ: ܐܠ

ܐܟܬܟܘ ܡܟܠܒܗ ܪܥܟܬܐ ܠܥܟܒܒ ܚܪ ܪܢܬܝܐܠ

ܪܩܒܘܡܐ. ܐܠܐܟܐ ܠܒ ܘܐܠܐ * ܐܠ ܠܒ ܪܒܪܐܬ. ¹Fol. 32 vº

10 ܒܝܪܡܐ ܪܟܢ, ܠܡܐܪܝܢ: ܪܥܒܪܗܘܬܐ: ܪܢܘܝܬܐ ܐܢܬܘܢ. ܘܐܘ

ܐܠܐܟ ܙܝ ܪܥܠܒܢ. ܘܐܠܐ ܡܬܒܟܪ ܐܢܬܘܢ. ܘܒܪܐܠ

ܡܥܡ ܐܢܬܘܢ ܠܩܘܪܐ ܠܐܪܬܝܒܘܬܗ ² . 6. ܘܗܒܐܝ.

ܘܐܪܒܐ ܟܘܪ ܪܬܒܪܐ ܪܪܒܪܪ. ܒܚܬܟܪ ܘܐܬܒܘܪ ܘܪܒܐܠ.

7. ܒܢܝܘܘ ܘܒܪܐ ܡܡܚܪ ܠܒܪܟܐ ܪܒܪܐܬ ܐܪܒܪܝܐܒܘ

15 ܠܒܠ: ܪܐܟܒܪܝܢ ܒܚܪ ܒܝܪ ܒܚܪ ܠܒܠ ܬܒܕܟ ܒܚܐ

ܐܬܪܝܪ: ܒܚܡܐ ܪܒܚܘܬܐ ܟܘܪ ܐܪܟܪ ܪܒܪܐܬܠܒܘܐ. ³ ܪܡܐܒܘܪܐ:

ܪܚܘܐܬܒ ܐܟܐ ܪܒܪܐܟܐ ܠܥܒܠ. ܘܒܚܬܠ. ܪܒܝ ܙܝ ܐܝܡ ܫܚܘ ܐܢܬܘܢ

ܒܚܬܘܒܪ ܘܐܠܐ ܘܟܡ ܥܡ ܐܢܬܘܢ ܠܒܠܘܒܪܝܗ. ܡܒܠ:

ܘܐܬܒܝܪ ܟܝܪ ܪܐܘܗܝ ܪܒܣ ܪܒܚܘܪܝܒ. 4 ܡܒܪܚܘܒܗ. ܡܒܝܐ ܡ

20. ܘܒܪܥ. ܘܐܒܪ ܠܐܝܡܝܠܐ: ܐܒܪ ܠ ܒܒܝܪ: ܠܡܐܠܐ ܪܐܒܢܝܠ.

ܐܠܒ ܐܠ ܪܐܒܘܬܟܪ ܒܬܟܘܢ. ܘܪܝܡ: ܘܗܡܒܘܐ ܟܒܘܬܐ

ܐܒܪܒܘܐ. ܟܝܢܒ ܪܐܟܪܒܝܪܗ ܐܒܪܝܪ ܪܥܒܪܐ ܪܐܟܬܒܘܗܝ.

ܒܚܒܪ ܪܥܐ ܠܝܒܬܬ ܘܩܡܝܐ. ܐܟܐ * ܐܝܟ ܪܡܩܪ ܠܒܪܝܒ ¹Fol. 33 rº

ܡܒܒܘ. ܪܡܘܒܘ ܪܡܒܚܘܬܐ ܘܐܠܐ ܐܟܪܚܘܒܐ ܐܒܒܝܪܐܟ ܐܪܟܐܪ

25 ܘܒ ܐܪܥܒ ܐܘܠ. ܘܡܘܒܪܟܐ ܪܡܐܠܐ ܠܒܠ ܪܒܪܐ ܒܐܠ

ܪܒܚܘܐ ܘܐܠܐܒܚܪ ܒ ܘܡܥ ܪܐ ܠܐ ܪܐܒܝܘ ܚܡܒܠܐ ܪܒܚܘܒܐ

ܘܪܒ ܘ ܡܥܚܒܘ. ܙܝ ܐܝܡ ܒܝ ܠܐܟܝܗܝ, ܪܥܒܪܐ ܘܐܬܐܒܘܐܬܐ

---

¹ Read: ܐܢܬܘܢ.

² Read: ܡܒܪܟܝܢܬܗ.

³ Read: ܒܕ ܠܐܒܘܒ, ܡܩܪ; the scribe has shortened the word to fit the available space.

⁴ Read: ܒܡܪܚܡܘܗܝ; or.scr. has added a ܡ underneath the line. An illegible marginal note may be making the same correction.

ܕܡܠܐܟ̈ܐ . ܐܝܬ̈ܘܗܝ ܩܪ̈ܝܐ ܘܒܪ̈ܝܐ ܕܐܝܬ ܠܗܘܢ :

ܡܘܫܐܢ [1] ܠܡܠܠܕܡ : ܐܡܝܠܚ ܐܝܬܘܢ ܡ ܟܝܢ ܐܪܝܐ ܐܬܘܗܬ

ܣܘܪ̈ܝܐ . 8 . ܣܘܡܐܢ ܘܡܠܦܝܝ̈ܗܘܢ ܐܝܬܝܗܘܢ ܘܠܐ

ܢܝܝܪ̈ܐ . 9 . ܐܥܝܩܐ ܕܐܪܢ ܐܝܬ ܗܘ ܠܐܬܩܢ̈ ܐܝܩܢ : ܗܘ ܐܢ

5 ܘܗܢ ܕܗܕ . ܘܕܐ ܐܪ̈ܐ ܐܪ̈ܐ ܘܩܘܡ ܐܪ̈ܐ . ܗܘܐ ܟܕܕܠܣܕ ܐܕܐ

ܡܘܣ . ܗܝܗ ܐܪ̈ܐ ܕܗܕ ܐܪ̈ܐ ܐ̈ܟܐ ܐܬܟܕ̈ܐ . ܐܝܪ̈ܐ ܗܘܐ ܠ

ܐܪܐ ܕܟܕ̈ܐ ܝܗܝܠܠ ܕܝ̈ܡ ܐܪܐ ܠܗ . ܘܠܠܕܝ ܝܗܝ ܡ ܟܕ ܡ̈ܝ ܟܕ̈ܐ :

ܕܐܪ̈ܐ ܚܘ̈ܩܐ ܗܘܐ ܐܪ̈ܐ ܘܐܪܐ̈ ܝܝ : ܡܟ ܗܘܐ ܠܗܕ̈ܐ ܐܟܠ̈ܘܗ .

ܕܐܪ̈ܐ ܐܬܐ̈ܪ . ܘܐܒܐܝ ܐܘ ܗܘ ܕܘܐ̈ܒ . ܘܐܡ̈ܪܐ ܐܪ̈ܐ . ܝܪ̈ܥ ܐܪ̈ܚ

10 ܐܝܬ ܠܗܕܪ̈ܐ ܐܪܐ : ܐ ܝ ܕܙܝܘ̈ܠܬ ܠܐ ܕܗܕ̈ܪ ܐܪܐ̈ܪܐ ܐܝܬ ܝܘܩܝ .

ܐܠܝ ܟܝ ܠܝ ܕܕܕ̈ ܐ̈ܠ ܐܩ̈ܠ ܐܪ̈ܐ ܘܐ̈ܪܐ . ܪܐܪ̈ܐ ܗܘ . ܩܘܕ [2]

ܐܪ̈ܐ ܟ̈ܐܣܘܡ̈ ܐܡܐ̈ܪ . ܐ ܝ ܠܝ̈ܩ . ܩ̈ܝܪ̈ ܠܐܪ̈ܐ ܐܡ̈ܐ :

ܘܠ̈ܩ̈ܐ ܪܐ̈ܪܐ . ܐܪ̈ܐ ܘܡ̈ܡ̈ܐ ܩ̈ܐܪ̈ܐ ܠ̈ܐܡ̈ܐ ܘ̈ܐ̈ܟ̈ܐ .

* Fol. 33 vᵒ ܠ̈ܐܡ̈ܪ̈ . ܘܡ̈ܐ ܝ̈ܪܐ̈ܪ ܠ̈ܐ̈ܪ̈ ܐ̈ܠ̈ ܘ̈ܐ̈ܒ̈ܐ .

15 ܐ̈ܪ̈ܐ ܝ̈ܐ : ܠ̈ܐܕ̈ ܝ̈ܠ̈ ܝ̈ܪ̈ ܐ̈ܪ̈ ܝ̈ܪ̈ ܐ̈ܠ̈ܐܒ̈ܐ .

10 . ܘܗܕ ܠ̈ܪ̈ܝ ܘ̈ܐ̈ܡ̈ܠ̈ ܐ̈ܒ̈ܬ̈ܝ̈ܢ̈ . ܐ̈ܪ̈ܐ .

ܘ̈ܐ̈ܪ̈ܐ ܐ̈ܪ̈ܐ ܘ̈ܐ̈ܪ̈ܝ̈ܘ̈ܪ̈ . ܠ̈ܩ̈ ܡ̈ܐ̈ܝ ܐ̈ܪ̈ܝ̈ܘ̈ܪ̈ ܘ̈ܐ̈ܪ̈ܐ .

ܘ̈ܐ̈ܪ̈ܝ̈ܐ ܝ̈ܘ̈ܡ ܐ̈ܡ̈ܝ̈ ܕ̈ܐ̈ܪ̈ܐ : ܡ̈ܐ̈ܝ ܠ̈ܩ̈ ܠ̈ܘ̈ܐ̈ܐ̈ܪ̈ܐ .

ܘ̈ܡ̈ܘ̈ܪ̈ܐ . ܐ̈ܝ̈ܪ̈ܐ ܠ̈ܡ̈ ܠ̈ܐ̈ܪ̈ܝ̈ܘ̈ܪ̈ . ܠ̈ܐ̈ܪ̈ ܝ̈ܒ̈ܝ̈

20 ܘ̈ܡ̈ܪ̈ ܠ̈ܩ̈ . ܝ̈ܠ̈ܝ̈ ܘ̈ܐ̈ܡ̈ܝ̈ ܘ̈ܐ̈ܡ̈ ܡ̈ܝ̈ܝ̈ , ܘ̈ܐ̈ܪ̈ܝ̈ . ܠ̈ܕ̈

ܐ̈ܝ̈ܘ̈ . ܐ̈ܝ̈ܪ̈ܝ̈ ܐ̈ܠ̈ܐ . ܐ̈ܪ̈ܝ̈ ܘ̈ܐ̈ܪ̈ܐ [3] ܠ̈ܝ̈ܪ̈ܐ

ܘ̈ܡ̈ܝ̈ܪ̈ܝ̈ ܘ̈ܡ̈ܐ̈ܝ̈ܪ̈ ܝ̈ܡ̈ܐ̈ܝ̈ܪ̈ ܘ̈ܘ̈ ܡ̈ܐ̈ܪ̈ ܐ̈ܪ̈ . ܘ̈ܐ̈ܪ̈ܝ̈ܘ̈ .

ܘ̈ܐ̈ܪ̈ܝ̈ܘ̈ ܠ̈ܪ̈ܝ̈ ܐ̈ܪ̈ܝ̈ܪ̈ ܐ̈ܡ̈ܪ̈ܐ̈ ܠ̈ܩ̈ ܘ̈ܡ̈ . ܘ̈ܐ̈ܡ̈ܝ̈ܪ̈

ܘ̈ܪ̈ܒ̈ ܘ̈ܡ̈ ܠ̈ܐ̈ܪ̈ ܠ̈ܐ̈ܪ̈ܐ ܘ̈ܠ̈ܩ̈ ܘ̈ܠ̈ܩ̈ ܝ̈ܝ̈ܝ̈ܝ̈

25 ܘ̈ܪ̈ܐ̈ܪ̈ ܘ̈ܪ̈ܝ̈ܪ̈ ܠ̈ܩ̈ ܕ̈ܒ̈ ܡ̈ܝ̈ܪ̈ ܝ̈ . ܘ̈ܐ̈ܡ̈ ܝ̈ܝ̈ܝ̈ ܘ̈ܐ̈ܝ̈ܪ̈ .

ܝ̈ܘ̈ ܠ̈ܩ̈ ܘ̈ܡ̈ ܕ̈ܐ̈ܪ̈ܝ̈ ܘ̈ܪ̈ܐ̈ܪ̈ . ܘ̈ܐ̈ܝ̈ܪ̈

ܘ̈ܪ̈ܝ̈ܪ̈ܘ̈ ܠ̈ܐ ܐ̈ܝ̈ܪ̈ . ܘ̈ܠ̈ܝ̈ ܡ̈ܪ̈ܘ̈ : ܘ̈ܝ̈ܪ̈ܝ̈ [4]

---

[1] Read : ܘܡܠܠܠܝ .

[2] Read : ܘ̣ܩ̣ܘܡ ; or.scr. has added ܘ below the line,

[3] Read : ܠܐܝܚ .

[4] Read : ܕ̣ܝܪ̣ܬ .

ܐܝܟ ܦܠܛ ܓܝܪ : ܟܢܘܪ ܠܗܘܢ ܕܡܬܚ .11. ܕܘܡܗܘܢ ܡܗܣܘܡ   Fol. 34 rᵒ

.   ܗܘܢܚܝܝ ܟܚܒܘܡ ܡܠܘ * ܟܚܘܐܓܡ ܚܘܡ ܕܚ ܐܢܬ ܟܐܟܫܘ   Fol. 34 vᵒ

ܟܚܒܘܐ ܡܗ * ܟܢܝܪ ܒܝ ܕܚܒܝܪܕ ܟܚܒܘܠܒ ܡܢ ܗܘܠܝܘ   Fol. 35 rᵒ

[1] Add sᵉyāmē.

[2] Read : ܗܠܚܟܒܠܘ.

ܚܢܢ ܠܕ ܘܐ. ܣܘܠܝܗ ‎.16 ܡܢ ܕܐܝܢܝ ܟܬܒܐ ܒܫܡܥ ܐܢܘܢ[^1] ܣܘܠܝܗ

(Syriac text, lines 1–14)

Fol. 35 v° ‎.17 ܐܝܟ ܕܟܬܝܒ *

‎.18 ܣܘܠܝ[^3]

‎.19 ...

---

[^1]: A shortened form of ܣܘܠܝܗ.

[^2]: Parts of this word may be visible.

[^3]: Another shortened form of ܣܘܠܝܗ, made here to fit the line.

[^4]: Read : ܘܐܚܝܩܡ.

[^5]: Perhaps read : ܟܗܢܐ, following II Kings 19.2 P, Is. 37.2 P. Reading the plural here would, however, entail emending ܚܩܘܗ to ܚܩܘܗܝ.

ܘܐܡܪ. ܐܢ̇ܐ ܗܘ̣ ܠܥܡ ܕܠܐ ܥܡܐ: ܘܗܘ̣ܢܝܐ ܘܐܝܪܘܬܝ, ܗܒܠܘܬܐ Fol. 36 rᵒ ܘܡܛܠ ܗܕܐ ܢܓܪ̈ܘܢ. 20. * ܚܙܝܘ ܗܟܢܐ ܕܚܘܬ̇ ܐܢܬ

(Syriac body text — main column)

5 ...

Fol. 36 vᵒ

15 ...

20 ...

25 ...

XV. 1. ... Fol. 37 rᵒ

... 2. ...

¹ Read: ܝܘܣܦ.

ܕܘܝܕ ܕܒܦܠܓܘܬܗ ܕܡܙܡܘܪܐ ܐܪܘܚܬ ܕܐܪܗܛ ܦܘ̈ܩܕܢܝܟ. ܘܒܡܣܡܘܢ ܪܚܒ ܕܠܐ ܐܬܠܟܐ ܬ̈ܠܝܢ. ܠܥܠܡ ܠܥܠܡ ܠܡ[1] ܐܬܠܟܐ ܦܘ̈ܩܕܢܝܟ: ܡܛܠ ܕܒܗܘܢ ܐܢܘܢ ܚ̈ܝܐ. ܘܗܘܒ ܛܘܒܐ ܠܐܢܫܐ ܕܗܘܢܐ ܗܘ: ܘܐܡܪ ܕܛܘܒܘܗܝ، ܠܓܒܪܐ ܕܒܘܪܣܝܐ[2] ܕܒܥ̈ܘܠܐ ܠܐ ܗܠܟ: ܘܒܐܘܪܚܐ ܕܚ̈ܛܝܐ ܠܐ ܩܡ. ܘܥܠ ܡܘܬܒܐ ܕܡܒ̈ܙܚܢܐ ܠܐ ܝܬܒ. ܐܠܐ ܠܡ ܒܢܡܘܣܗ ܕܡܪܝܐ ܨܒܝܢܗ: ܘܒܢܡܘܣܗ ܢܬܗܓܐ ܐܝܡܡܐ ܘܠܠܝܐ. ܘܡܟܝܠ ܢܗܘܐ ܗ̇ܘ ܕܗܢܐ ܗܘ: ܐܝܟ ܐܝܠܢܐ ܕܢܨܝܒ ܥܠ ܬܦܩܐ ܕܡ̈ܝܐ: ܕܦܐܪ̈ܘܗܝ،[3] ܒܙܒܢܗ. ܘܛܪ̈ܦܘܗܝ، ܠܐ ܢܬܪ̈ܘܢ. 3. ܐܝܟܢܐ ܕܐܝܠܢܐ ܠܡ. ܕܢܨܝܒ ܥܠ ܡܦܩ̈ܢܐ ܕܡ̈ܝܐ: ܠܐ ܕܚܠ ܡܢ * ܚܘܡܐ: ܘܠܐ Fol. 37 vº ܡܬܒܨܪ ܡܢ ܓܗܐ: ܗܟܢܐ ܠܡ ܐܝܬܘܗܝ، ܟܕ ܐܢܫܐ ܕܐܠܗܐ. ܗܘ ܐܠܗܐ ܐܝܬܘܗܝ، ܠܗ: ܐܝܟ ܢܒܥܐ ܕܡ̈ܝܐ ܠܐܝܠܢܐ. ܘܥܠܘܗܝ، ܢܦܩ. ܘܡܢܗ ܫ̈ܩܐ ܫ̈ܝܐ ܕܠܥܠܡ. ܘܪܘܒܐ[4] ܕܫܘܒܚܗܘܢ، ܒܗ ܢܒܗ. ܘܪܘܚܐ ܕܐܠܗܐ ܒܗ ܒܡܪܐ ܐܝܟ ܕܒܡܠܬܐ[5] ܡܕܝܢܐ. ܐܝܟ ܕܐܡܪ. ܕܐܒܡܪ ܒܗܘ ܘܐܝܟܢ ܒܗܘ. 4. ܘܠܡܒܢܐ ܠܡܬܒܪ ܥܠ ܒܪ ܐܢܫܐ ܕܗܘܢܐ ܐܝܬܘܗܝ،: ܕܡܛܠ ܕܥܒܕ ܫܡܗ، ܕܕܝܢܐ: ܘܒܡܗ ܕܩܕܒܬ ܡܥܝܢܘܬܗ: ܘܫܠܡܐ ܕܐܠܗܘܗ ܒܗ ܒܦܐ ܐܝܟ ܕܐܠܥܙ: ܬܡܪܐ[6] ܕܐܬܡܠܐܡ ܐܘܟ̣ܝ ܠܡܪܘܗܝ،. ܐܡܒܝܢܐ ܠܒܪ ܕܒܢ̈ܘܗܝ، ܘܥܢܝܐ ܗܘ: ܗܝܡܢܐ ܘܒܬܪ ܡܘܬܗ. ܚܘܠܐ ܕܡܢ ܘܪܘܚܢܐ: ܘܫܘܦܐ ܘܫܘܪܝܐ: ܘܒܠܗܘܢ ܥܒܪܐ ܦܠܝܫ ܒܦ̈ܠܐ: ܠܦܬܐܐ ܘܫܘܒܩܢܐ ܐܝܬܝܗܘܢ ܟܝܢܝܗܘܢ ܘܒܡ̈ܘܬܗܘܢ. ܡܛܠ ܕܐܒܢܐ Fol. 38 rº ܕܒ̈ܢܝܗܘܢ، ܕܐܠܗܐ * ܒܗ ܩ̈ܝܡ ܘܒܗܘܢ ܚܒܪ. ܒܗ

[1] Above and below the line (S.scr.): ܠܐ.

[2] Read: ܒܘܪܣܝܐ.

[3] Above the line (or.scr.): ܢܬܠ (cf. Ps. 1.3 P).

[4] The MS seems originally to have read: ܘܪܘܒܐ, but the ܝ has been subsequently rubbed out.

[5] Read: ܕܒܡܠܬܐ; or.scr. has added ܒ above the line.

[6] Read: ܬܡܪܐ.

ܒܕܡܘܬܐ ܐܦ ܗܦܟܐ ܒܬܠܡ̈ܝܕܘܗܝ. 5. ܡ̇ܬܚܫܒ
ܠܡ ܥ̇ܘܠܐ ܪܘܫܥܐ ܒܠܒܗ. ܡܛܠ ܕܠܝܬ ܕܚܠܬܗ ܕܐܠܗܐ
ܠܘܩܒܠ [1] ܥ̈ܝܢܘܗܝ. ܡܛܠ ܕܚܘܝܐ ܗ̄ܘ ܒܥ̈ܝܢܘܗܝ : ܕܢܫܒܘܩ
ܣ̈ܟܠܘܬܗ ܘܢܣܢܐ ܐܘܢ. ܦܬܓܡܐ ܠܡ ܕܦܘܡܗ̇
ܕܐܟܐ ܘܢܟܠܐ. ܘܠܐ ܨ̇ܒܐ ܠܡܣܬܟܠܘ ܠܛܒܬܐ. ܐܠܐ
ܕܐܟܐ ܡܬܚܫܒ ܥܠ ܡܫܟܒܗ. ܘܡܗܠܟ ܒܐܘܪܚܐ
ܐܝܕܐ ܕܠܐ ܫܦܝܪܐ ܕܒܐܫ. ܗܝܐ ܐܬܘܗܝ ܠܒܝܫܐ
ܘܠܡܐܟܐ. ܒܫ̈ܘܠܘܗܝ ܘܒܡܘܬܗ. ܥܠ ܒ̈ܢܝܢܫܘܗܝ ܕܗܘܝܐ
ܫܪ̈ܝܢ ܫ̈ܐܕܐ. ܘܪܦܣ ܐܦ ܗܦܟܐ ܒܟܠܗ ܡܕܝܢܬܗ ܘܒܟܠ
ܫܠܕܗ. ܒܗ ܓܝܪ ܘܒܐܡܘܬܗ : ܫ̇ܠܡܐ ܡܠܬܗ ܕܢܒܝܐ
ܕܘܝܕ ܕܐܡܪ. ܕܡܪ̈ܘܕܐ ܢܥܪ̈ܘܢ ܒܝܬ ܩܒܘܪ̈ܐ. ܗܢ ܩܒܘܪ̈ܐ
ܕܐܝܟ ܒܪܘܡ ܗܠܝܢ [2] ܠܚ̈ܡܪܐ ܕܐܝܟ ܓܝܪ [2] ܗܠܝܢ : ܡܥܪ̈ܬܐ
ܕܐ̈ܢܫܐ ܐܬܝܗܘܢ. ܘܒܝܬ ܩܒܘܪܐ ܕܪ̈ܘܚܐ ܚܪ̈ܡܐ. ܐܡܪ
ܓܝܪ ܡܫܘܚܐ. ܕܪܘܚܐ ܠܐ ܬܣܝܐ. ܘܡܒܘܪܬܐ * ܠܐ Fol. 38 v°
ܬܗܘܐ ܠܗ. ܐܠܐ ܒܬܪ ܡܘܬܗ : ܠܚ̈ܡܪܘܗܝ ܒܢܘܪܐ
ܢܐܒܕܘܢ ܡܛܠ ܕܠܐ [3] ܡܒܪܗ ܘܚ̈ܡܪܘܗܝ ܒܝܬ
ܡ̈ܥܪܬܐ ܠܕ̈ܘܝܐ. ܐܬܝܗܝܢ ܐܝܟ ܕܐܡ̇ܪܬ ܘܐܬܚܝܢ ܫܪ̈ܝܐ
ܐܘ ܒܕܒܠ ܡܬܚܫܒܐ ܐܝܬ. 6. ܡܘܕܝܐ. ܐܬܝܗܝܢ ܐܝܟ
ܕܐܡܪܬ ܘܗܟܘܕ ܫܪ̈ܝܐ ܒܠܚܘܕܝܗܝܢ. ܐܠܐ ܐܝܟ ܡ̈ܘܕܝܐ :
ܗܒܠܐ ܐܚܝܕܝܢ ܚܝܢ. ܗ̇ܝ ܕܒܬܚܬܝܐ. ܕܕܘܪܒ ܠܓܘܡܪܐ
ܕܡܬܚܐ ܢܦܫܐ ܒܦܓܪܗ ܒܬ̈ܚܝܐ ܘܢܗܘܐ ܠܓܡܪܐ ܒܝܕܡܐ
ܠܡܪܥܐ. ܘܒܗܕܐ ܠܐ ܦܪܥܝܢ ܚܝܢ. ܐܠܐ ܒܠܚܘܕ ܕܠܐ
ܢܬܘܪܒ ܗܝܟ ܠܓܘܡܪܐ ܕܡܚܬܐ. ܐܢ ܕܕܘܟܐ ܐܬܘܗܝ
ܘܐܢ ܣܦܝܩܐ. ܠܐ ܓܝܪ ܦܪܥ ܒܬܚܬܝܐ. 7. ܗܪܟܢ
ܡܛܠ ܗܢܐ ܓܝܪ ܐܡܠܟܬ ܒܒܗܘܢ ܦܩܚܝܢ ܥܠ ܕܠܐ
ܦܪܥܝܢ ܐܬܘܢ ܘܪܚܘܢ. ܦܘܪܥ ܡܚܒܠ ܡܠܬܐ ܕܡܥܐܠ

[1] In margin (S.scr.): ܩܘܕܡ ; however, Ps. 36.2 P reads ܠܘܩܒܠ so there is no need to emend the text.

[2] Following the scribal sign these words should be reversed; read: ... ܕܐܝܟ
ܗܠܝܢ ܒܪܘܡ. ܠܚ̈ܡܪܐ ܓܝܪ ܕܐܝܟ ܗܠܝܢ ...

[3] In margin (S.scr.): ܢܗܘܐ.

Fol. 41 rº ܕܣܒܪ ܘܦܩܕ ܒܝܪ̈ܡܝܗܘܢ : 20. * ܘܥܒܕܝܢ ܐܢܬܘܢ ܠܘܩܒܠ ܐܠܗܐ ܒܨܒܝܢܟܘܢ ܒܝܫܐ. ܘܐܡܪܐ ܕܘܝܕ ܐܠܗܐ ܐܡܪܝܢ ܐܢܬܘܢ ܠܦܬܟܪܐ ܗܘ. ܘܐܡܪܐ ܕܠܦܬܟܪܐ ܐܡܪܝܬܘܢ ܕܒܥܠܐ ܗܘ. ܘܡܛܠ ܐܡܪ ܠܟܘܢ ܒܝܬ ܕܘܝܕ.. ܕܒܕܒܐ ܠܐܠܗܬ، ܕܫܢܝܬܘܢ ܒܥܠܐ : ܘܒܫ̈ܦܐ ܕܪ̈ܥܝܢܐ ܢܣܒܝܢ ܐܢܬܘܢ. ܦܢ̈ܘ ܠܟܘܢ ܠܬܫܒܘܚܬܐ ܘܠܒܥ̈ܝܐ ܡܢ ܐܢܫܐ ܕܪ̈ܥܝܢܐ. ܕܗܢܘܢ ܪ̈ܥܝܢܐ ܒܪܥܝܢܘܬܗܘܢ. ܠܐ ܢܕܒܘ ܘܠܐ ܐܫܬܠܡܘ : ܕܒܫܘܥܒܕܐ ܡܗܠܟܝܢ ܗܘܘ. ܗܢܘ ܕܝܢ ܕܚܝܢ ܗܘܘ. ܘܡܛܠ ܗܢܐ ܒܫܘܥܒܕܐ ܟܘܠܟܘܢ ܘܒܫܥܒܘܕܘܬܗܘܢ : ܪ̈ܒ ܒܠܗܘܢ ܫܬܐ ܐܣ̈ܝܗ[1] ܕܐܪܒܥܐ. ܗܘܝܘ ܕܝܢ ܐܬܪ̈ܠܝܘ ܒܠܗܘܢ ܒܡܘܪ̈ܝܗ ܕܬܒܥܠ.

XVI. 1. ܗܘܕܝܐ. ܣܦܩ: ܐܠܨܬܢܝ ܓܝܪ ܒܦܬܓܡ̈ܝܟ. ܢܥܒܪ ܕܝܢ ܠܬܒܥܬܐ ܐܚܪܬܐ : ܚܙܝ ܡܢܐ ܐܡܪ ܐܢܬ ܠܝ. 2. * ܣܪܓܝܣ ܐܢܬ ܬܒܥ ܐܢܬ ܠܝ : ܘܐܢܐ ܡܦܢܐ

Fol. 41 vº ܐܢܐ ܠܟ ܐܝܟ ܕܐܬܝܗܒ. ܒܪܡ ܕܝܢ ܐܡܪܬ ܠܟ : ܕܠܐ ܡܚܝܢܐ ܕܢܣܒ ܫܪܪܐ. 3.[2] ܗܘܕܝܐ. ܗܐ ܐܦܣܬܢܝ ܥܠ ܡܫܝܚܐ. ܘܐܦܣܬܢܝ ܥܠ ܓܪ̈ܡܐ ܕܡܬ̈ܢܝܬܐ. ܗ̇ܢܘܢ ܕܐܢܬܘܢ ܩܪܕܐ ܩܢܝܢ ܐܢܬܘܢ ܠܗܘܢ. ܗܫܐ ܐܦܣܣܝܢ[3] ܥܠ ܨܘܪ̈ܬܐ ܘܨܠ̈ܡܐ ܕܐܝܬܝܗܘܢ ܦ̈ܘܠܚܢܐ : ܕܡܬܠܝܢ ܐܢܬܘܢ ܒܝܬ ܣ̈ܓܕܬܘܢ : ܨܘܪ̈ܬܐ ܘܕܨܠ̈ܡܬܐ ܕܥܠ ܓܘܫ. ܟܬܝܒ ܓܝܪ ܒܢܡܘܣܐ. ܕܠܐ ܬܥܒܕ ܠܟ ܟܠ ܨܠܡ ܘܟܠ ܕܡܘ : ܕܐܝܬ ܒܫܡܝܐ ܡܢ ܠܥܠ : ܘܕܐܝܬ ܒܐܪܥܐ ܡܢ ܠܬܚܬ : ܘܕܐܝܬ ܒܡ̈ܝܐ ܠܬܚܬ ܡܢ ܐܪܥܐ. ܠܐ ܠܟ ܬܣܓܘܕ ܠܗܘܢ : * ܘܠܐ ܬܦܠܘܚ ܐܢܘܢ. ܐܢܐ ܐܢܐ ܡܪܝܐ ܐܠܗܟ. ܕܐܦܩܬܟ ܡܢ ܐܪܥܐ ܕܡܨܪܝܢ. 4. ܣܪܓܝܣ ܐܝܟ ܓܒܪܐ

[1] Read : ܫܬܐܣ̈ܝܗ; cf. p. 13, l. 13.

CH. XVI

[2] At this point there is another wavy red line across the page of the MS to indicate the change of subject; cf. p. 33, n. 3.

[3] Read : ܐܦܣܝܢ.

مملك لم اذكر كذبذل الكمن كذبذ لجدم
حدم هم [1]جبل حلجم. حم ككن كن : كمن كبزمقم
كدبلمكنم حدم متجبلة مملك. مسزمقم .5. بلل.
مقلحنلك كذلك بلنم زلكنذكذ نقنلندلذ معلن. ملع
5 كذبنكم حدم كذبذل حلل بذزد خلل اذكر. .6. اذكن كذرنذمن
مكذرم حجبخ كذلن حدم حجبزكذ مل. مم نجرزكذ حدم كنمر كم مك
كم. .7. مسزمقم. كم حدم كذجن كنر كنر اذكر كذلن حدم
مل حدثبكمك جم : جم بكلبكنم كذكلكم. جم نكجمقلنم حل
حلمنم كمن : اذكر كنر كبل بجدمكم. كذكلكم
10 بكذكنمقم بزن جنكنم. اذكركنم بزنكن بلن. لي حج حلحم.
كنر اذكر بجدمل. مكم كذم حلجحل حدكنم. كنذبنم
بكذبن : اذكزبل حدم مل حم قزبجمم اذكن كمل كذبن
بجدمنم. اذبل حدبن. جم بكذ حدم كذن بذ. حل. حم بزينن كنر حدم
كذكلكم بزخذبمكنم. اذكن حل حجبن خلن حل حدم كنذبن حلك بكنكذ
15 كم. اذكر كنر كبل بجدمكذذكن كذكلبقم جم كم * Fol. 42 vᵒ
قمحلن حدم اذكر بزن. اذكن كذلن مقم حل اذكلملل
كنزبنم حلن حجبن. بذكن جم بزكن. كلن حجكذن. بلن لن حل
قلحم. جلن بذ. مم كم حدم ملمكلك مسزمقم كم كذبن.
20 .8. مسزبخذ مك اذكن اذكن بذ بجن كذن حدم كذ كلبجة.
كذم كبل حل بكلن حل بذ. اذخذ بكمثمن. اذكن كم حلبخم كم حدم كذكل.
اذكر كم حل حجبذكذ كذكلكم. كنر حزبم كمن حدم حزبذم
بجدحبنم سلم : لحلجنذن كذن مم كذبنم. .9. مسزمقم
مقزم حنذ اذكن بكنر كذجزذكن. اذكر اذكن حزبم اذكن حلم
قمك لبمم مم كنزم. كنر كنر حجدمن حم بكنر كنر. اذكن لمن مم
25 كذبقنم كذبذنكن. اذكر كذلن حلبذكذ.. كذكلن حزبم اذكن
بذ بكن. اذكن بكن كم اذم كذمل. اذبذل جبل جم : بحزبل
كبزن. .10. مسزبخذ. بذ بكنذبم. اذبذ بقمم كذكلكم
لحكذم كذذكن قذبلكلك اذكر. بذم. اذكنرم كلبلل بزنم * Fol. 43 rᵒ
جم حبن اذكر كذبن قمحلنم كذكنمن : لي مكزبنم اذكر مل.
30 كذكنرم مكذكذم مكذبزذكن بزن كذم اذقر كذزبن جم
───────────────────
[1] In margin (probably but not certainly S.scr.): كذبقمن.

Fol. 45 vᵒ ܐܪܐܘܗ * ܐܪܡܪܐ ܠܗ . ܗܘܢ ܡܬܥܒܕܐ ܘܥܠܝܢ
Fol. 46 rᵒ ܡܢܨܚܢܘܬܗܐ. ܠܪܘܚܐ ܡܬܢܨܚܢܘܬܐ * ܘܬܠܐ. ܢܫܒܚܘ 20
XVII. ‎1. ܕܡܬܐ ܐܠܐ, ܕܐܡܪܐ ܠܐ ܢܨܝܥ ܐܝܬ ܠܢ ܠܡܬܬܠܐ.
---

¹ Read: ܐܬܬܐܬܐ; cf. NÖLDEKE, *S.G.*, § 321, n. 1.

² In margin (S.scr.): ܕܗܘܠܢܝ.

³ In the margin a scribe (possibly later than the S.scr.) has added: ܣܪܝܐܘ in a
very fine Serṭā hand, correcting to Is. 42.11 P.

ܡܗܘܒܪܚܒ ܒܪܚܘܒܪܢܝ ܒܠܠܒ ܐܒܪܝܒܪ : ܒܪܝܠܐܒܪܝ   * Fol. 46 vº

ܒܪܐܒܠܘ * : ܒܪܐܒܥ ܒܪܝܐܠ ܝܝܒܘܥܝܠ ܝܕܠ ,ܘ. ܒܪܝܚܥܝ ܐܝܟܝ Fol. 47 rº

---

[1] Read: ܒܪܝܚܝܒܘܝܘ; one of the scribes has added ܇ above the line.

[2] Following the scribal sign these two words should be reversed.

Fol. 47 v°

Fol. 48 r°

[Syriac text, 27 lines, with line numbers 5, 6, 7 (10), 15, (8), 20, 25 in margins]

---

1 There is a faint marginal note opposite lines 11-13 of fol. 47r (ܡ . . . . ܡܚܕܣܐ), which looks like : ܩܘܢܪܐ.

2 Read : ܦܠܝܪܐ; an ܐ has been added above the line.

3 Originally the scribe seems to have written : ܝܚܣܝܪܐ, and then superimposed a ܀ on the first ܚ.

5 ܕܒܐ̈ܢܐ. ² ܐܪܢܐܐ ܠܗ ܐܝܪܐ. ܝܒܒܩܐ ܠ ܘܗ ܘܗܐ * ܗܐ   Fol. 48 vᵒ

ܘܠܐ ܣܝܐ ܐܘܝܪ ܠܟ ܘܗ ⁵ ܥ̈ܕܠܟܢ. 10. ܘܕܐܬܪ̈ܐ. * ܐ ܝ̈ܪܐ   Fol. 49 rᵒ

---

¹ Read : ܕܐܬܡܪ̈ܝ; clearly the sᵉyāmē was originally present in the MS but one dot has faded out.

² Read : ܐܪܢܐܐ; a scribe has attempted to erase the final ܐ.

³ Read : ܕܐܬܡܠ̈ܟܝ.

⁴ This word looks as though it has been altered, but it is impossible to tell what the scribe originally wrote.

⁵ Read : ܥ̈ܕܠܗ; the MS has a singular suffix but the scribe has been misled by what looks at first sight to be the suffix to a plural noun; cf. NÖLDEKE, *S.G.*, p. 11, n. 1.

ܡܢ ܐܒ̈ܗܝܢ ܐܬܝܗܒ. 11. ܦ̈ܓܝܐܬܐ[1] ܐܢܬ ܗܘܐ ܠܡܐܡܪ ܠܟ. ܐܠܐ ܡܢ ܣܓܝܐܐ ܕܦ̈ܠܚܐ ܡܬܗܢܝܢܐ ܗܘܝܬ. ܐܢ ܕܝܢ ܒܗܠܝܢ ܡܠܠ ܠܐ ܡܬܬܘܐ ܘܡܬܦܠܣܦ ܐܢܬ: ܝܕܝܥܐ ܗܝ ܘܠܐ[2] ܒܦ̈ܓܝܐܬܐ ܡܒܥܠ ܣܦܩ ܗܠܝܢ. ܘܡܫܡܠܝܐܝܬ ܬܒܥܬܝ ܥܠ ܡܫܝܚܐ.[2] ܘܦܢܝܬ ܠܬ̈ܒܥܝܬܐ ܘܐܬܝܬ ܘܦ̈ܘܗܕܘ ܘܠܐ ܡܩܒܠܬ. ܘܬܒܥܬܝ ܡܛܠ ܒܢ̈ܝܐ ܕܝܗܘ̈ܕܝܐ. ܘܣܗܕܘ ܡܘܫܐ ܘܐܠܝܫܥ ܘܐܚܪ̈ܢܐ ܘܠܐ ܐܬܦܠܣܦܬ. ܘܐܦܬ ܠܟ ܬܘܒ ܠܘܬ ܦܘܪ̈ܣܬܐ ܘܦܘܚܡܐ ܕܡܕܝ̈ܢܬܐ. ܘܡܛܠ

Fol. 49 v° ܕܢܦ̈ܫܬܐ ܐܪܟܢܟ ܡܢ ܐܘܪܚܐ ܕܢܪܪܗ ܕܡܫܝܚܐ: * ܗܐ ܡܣܒܢ ܐܢܬ ܕܬܐܡܪ ܕܒ̈ܠܠܬܐ ܕܒܗܘܢ ܣܒܪ ܐܢܬ ܕܬܣܘܡ. ܘܠܐ ܚܪ ܐܢܬ ܕܐܦ ܗ̇ܢܝܢ ܡܫܡܫܢܘ ܫܡ̈ܫܝܢ ܠܟ ܕܠܐ ܬܣܘܡ. 12. ܒܪܡ ܕܝܢ ܢܚܡܘܢ ܦ̈ܓܝܐܬܐ ܘܢܘܕܪܐ ܥܠ ܠܒܒܬܐ ܘܠܡܘܡܒܐ[3]. ܘܢܬܒܥ ܠܥܪ̈ܪܐ ܕܗܘ ܢܡܘܣ ܒܡܓܒܬܐ ܘܝܥܪܘܗܝ ܠܕܝ̈ܢܐ ܕܒܥܬ ܠܝ ܘܠܟ. ܕܐܬܝܬܘܗ̇ ܗܕܐ. ܕܐܢ ܐܬܝ̇ܐ ܡܫܝܚܐ ܐܘ ܠܐ. ܐܢ ܗܘ ܕܝܢ ܕܐܬܝ̇ܐ ܗܐ ܥܪܪܐ ܐܬܘܗܝ، ܥܠ ܕܐܚܪܢ ܡܫܝ̈ܚܐ: ܘܐܢܬ ܒܦܠܓ ܐܢܬ ܦܠܓܘܬܐ ܐܝܟ ܡܪܦܦܐ. ܡܐܬܐ ܕܝܢ ܝܕܝܥܐ ܗܘ ܕܐܬܝ̇ܐ ܠܗ. ܘܐܠܐ ܡܗܡܢ ܐܢܬ ܠܗܠܝܢ ܕܐܬܐܡܪ ܒܗ ܗܝܡܢܐ ܡܢ ܢܒ̈ܝܐ: ܒܒܪ ܢܒ̈ܝܐ ܐܚܪ̈ܢܐ ܐܝܬ ܠܟ ܘܐܚܪܢܐܝܬ ܡܠܦܝܢ ܠܟ. ܐܠ ܒܡܒ ܒܗܘܢ. ܘܬܒ ܦܬ̈ܟܐ ܠܗ ܒܪ. ܐܬܐ ܐܝܟ ܥܫܢܐ ܕܥܒ̇ܕܐ ܘܢܦܩ ܡܢ ܗܘܢܗ. ܕܒܪ. ܦ̈ܓܝܐܐ ܢܐܡܪܘܢ ܠܗ ܡܠܬܐ: ܘܗܘ ܒܥܒܕܘܬܗ ܡܡܘܐ.

Fol. 50 r° 13. ܘܡܛܠ ܗ̇ܝ ܕܡܡܠܠܝܢ ܗܘ̇ܝܢ: ܡܠܬܐ ܚܕܐ * ܡܡܘܣܦ ܐܢܐ. ܥܘܠܡܐ ܕܒܠܗܘܢ ܩ̈ܠܐ. ܐܡܪ ܕܘܝܕ: ܢܛܪ ܗܘ ܓܪ̈ܡܘܗܝ، ܕܡܪܝܐ ܡܘܬܐ ܕܙܕ̈ܝܩܐ. ܘܐܢ ܗܘ ܕܢܛܪ ܓܪ̈ܡܘܗܝ، ܡܘܬܗܘܢ: ܝܕܝܥܐ ܗܝ ܕܐܦ ܠܓܪ̈ܡܝܗܘܢ ܕܙܕ̈ܝܩܐ ܢܛܪ ܐܠܘܢ ܓܪ̈ܡܘܗܝ، ܡܕܝܢ ܥܠܡ ܠܗܘܢ

[1] Read : ܦ̈ܓܝܐܬܐ.

[2] There is an illegible marginal note opposite lines 12f of fol. 49r (. . . . . ܘܠܐ ܡܫܝܚܐ).

[3] Read : ܘܠܡܘܒܠܐ.

ܡܚܒܒ ܣܝ̈ܗܘܢ ܣܝ ܕܒܗܘܢ ܣܝ. * ܕܗܘ ܫܘܒܚܐ ܘܐܝܩܪܐ   Fol. 50 v°

XVIII. 1. [2] ܣܘܟܐܠܐ. ܐܝܟ ܗܘ ܕܚܝ ܒܪܢ ܗܘ. ܕܡܪܢ̈ܐ ܐܬܕܟܪ

20 ܐܒܛܝܪ * : ܘܒܣܘܒܚܐ ܣܘܒܚܐ : ܕܚܝܪ̈ܐ ܢ̈ܐܒ   Fol. 51 r°

---

[1] In margin (S.scr.) : ܕ̈ܢ̈ܐܘܐ (cf. Wis. 3.1 P).

[2] At this point there is another wavy red line across the page of the MS indicating the change of subject.

[3] Perhaps add : ܐܝܪ.

[4] Read : ܐܪ̈ܣܘܒܣܐ.

Fol. 51 vº

Fol. 52 rº

1 Neither PS, col. 768, nor BR, p. 129 quote any examples of the use of a Pa'el or Aph'el form of the denominative verb from ܢܘܪܐ.

2 Read: ܬܘܠܕܬܗ.

3 Emend to: ܢܬܝܠܕ.

4 Emend to: ܘܒܗ.

ܝܪܟܬܐܪ. * ܝܕܡ ܝܘܒܒܝܕ ܐܠ ܐܢܘܘܡ .9. ܝܟܠܬܐܝܦ، Fol. 52 v⁰

,ܡܗܪܘܬܐ ܝܟ ܝ.ܒܕ ܡܝܟܪܟܠܓ ܒ.ܝ.ܒ.ܗܘ .ܐܪܝܝܪ ܠܢ * ܡܘܩܒ.ܝ Fol. 53 r⁰

---

¹ Read : ܡܗܬܘܪܐ.

² Read : ܐܠܘܝ.ܝܕܗ; or.scr. has added ܝ above the line.

³ Probably the words ܐܪ ܐܡܘܘܐ should be omitted; cf. the Translation, ch. XVIII, n. 15.

⁴ Following the scribal sign these two words should be reversed.

: ܩܝܢܐܒܡܒ ܐܠܐ ܝܪܐܒܕ ܗܕ ܗܕ ܒܡܬܝ ܩܘܡ ܐܠܐ .¹ ܝܪܐ¹ ܐܠܝܒܐܠ

ܘܐܘܬܒܝܠܐ .ܩܘܡ ܐܠܘܐ ܩܒܝܒܪܐ ܗܡܝ ܩܕܘܡ ܝܣܦ

Fol. 53 vᵒ ... (Syriac text)

XIX. 1. ...

Fol. 54 rᵒ ...

---

¹ Following the scribal sign these two words should be reversed.

² One of the correctors has added ܟܪ̈ܝܒܐ above the line.

³ One of the correctors has added ܟܪ̈ܝܒܐ below the line.

⁴ Shortened from ܟ̣ܗܘܐ in order to fit the line.

[Syriac text, 27 lines, read right-to-left]

                    * Fol. 54 vᵒ (line 10)

                    Fol. 55 rᵒ (line 22)

---

[1] Following the scribal sign these two words should be reversed.

[2] Add sᵉyāmē.

[3] Corrected above the line (S.scr.) to : [Syriac word]

Fol. 58 rᵒ (line 5)

Fol. 58 vᵒ

XX .1.

2.

3.

---

¹ There is a + sign in the margin and above the line. Cf. the use of such marks in 1QIs.ᴬ to indicate testimony quotations — G.R. DRIVER, *Scrolls*, pp. 527-532.

ܕܒܥܝܣܐ ܐܚܘܝܗ ܐܒܝܪܗ ܢܝܡܠܘܝ ܚܢ : ܚܡ ܠܘܪܚܐܪ

.ܝܡܘܬ ܢܡܪ * ܝܘܠܬܪܐ .ܐܩܡ ܢܝܪܗܡܟ ܝܪܚܒ܏ Fol. 59 rº

ܝܡ ܕܠ ܐܪܝ, ܡܥܘܡ ܕܚܫܘܪ ܡܐܒܘܪ .ܐܒܘܪ ܡܒܝܪ ܡܝܚܢܘܪ

ܐܡ ܕܘܪ ܚܝ ܢܚܪܒ ܬܠܚ ܐܪܕܡ ܚܡܘܟ ܢ ܚܟ ܝܘܡܚܢ

5 : ܢܟܚܠܪܩ ܢܐܪܕܒ ܝܬܟ ܐܪܚ ܐܝܒ ܡܚ ܡ . ܐܡܘܒܚ

.ܐܕܪܒ ܐܬܒ ܚܒ ܢܚܘܡܘܪܐ : ܐܝܪܥܠ ܥܠܚ ܐܠܕ

ܐܝܪܚ : ܐܟܒܒܪܡ ܬܟ ܥܠܕ ܡܝܡܛ ܡܪ ܢ ܝܘܟܘܪ

ܢ ܝܚܘܚܩ ܕܚ ܥܠܚ ܢܚܚܒܠܝܪ ܢ ܚܠ .ܐ ܐܢܘܚܐ ܐܝܡܢܝ

ܝܒܠ ܢ ܝܘܟ ܐܚܡܪ : ܢܚܝܠܚ ܢܚܒܪܘܐܟ : ܢܒܚܡܩ

10 ܒܟܒܒܚ ܐܠܚܝܪ ܐܝܪܝܐ : ܐܠܒܪܚ ¹ ܢ ܝܘܟܘܪ

ܐܠܝܛ ܢ ܝܘܚܡܝܩ .ܐܒܪܢ ܥܠܐ ܠܚ ܬܚܛ : ܐܝܪܚܒ

ܠܡ ܚܒܛܚܝܩܝ ܕܚܠܒ .ܐܘܪܒܘܪ ܐܡܢܛ ܬܚܛ ܐܠܚܝ

ܕܝܚ ܐ, ܡ ܐܚܒܝ .ܐܠܚܝܪ, ܚܝܩ ܢ ܡܝܚܠ ܐܒܐ .ܐܠܚܘܡܪ ,ܚܘܩܡܪܘܪ

.ܚܒܒܒܡܪ ,ܚܒܒܠ ܐܠܚܪܛܝܩ ܐܪܚ ܐܝܚܠ ܠܚ ² .ܐܝܒܡܡܩ

15 ܐܬܚܡ ܚܒܛܘܡܩ * .ܐܝܚܪ ܡܚܒܠ ,ܚܒܠܡ ܝܠ ܥܟܐ Fol. 59 vº

ܠܚ ܐܝܒܚܡܚܩ ܐܬܟܪܘܒ .4 .ܝܒܚܒܒ ,ܚܒܒܝ ܐܝܘܚܘܩ ܪܐܝܗ

ܡܠܝ ܚܚܡܩ ܢܒܫܡ ܢܝܒܬܒܟܒܠ ܢܚܒܝܪܝܒ ܐܘܝ ܐܬܚܠ .ܐܚܒܪ

ܘܚܒܡܪ ܚܒܝܪ ܚܒ : ܐܝܝܚܝܪ ܚܒܚܝܪܝܩ ܡܝܪ ܢ ܚܚܝܒܪ

ܝܚ ܚܒܒܚܒ . ܘܝܘܟ ܐܟ ܐܪܚܡ ,ܡܚܠ ܐܪܒܟܚܪ . ܢ ܝܘܚܒܡ ܐܘܪ ܡܚܒ

20 : ܒܢܠ ܡܝܒ ܝܡ ܝ ܝܚܡܠܪ ܐܒܝܪܠ ܠܚܚܠ ܕܝܒ ܐ ܡ ܐܝܚܡܩܒ ܡܚܡܡ

.ܐܠܐ : ܢ ܘܟܚܠܐܚ ܐܚܒܚܪܒ ܐܝܚܩ ܝܒܚܠܚ ܐܘ ܐܠ

ܐܒܒܚܝ . ܢ ܝܘܟܒܡܐ ܐܝܒܚܛܩ ܢ ܡ ܚܒ ܠܚ ܐܠܒܚܝ

ܕܚ . ܐܚܠ ܝܒܚܪ .ܐܝܒܘܪ ܐܠܛ ܢ ܝܘܚܒܡܪ ,ܚ ܡ ܢܡ

ܚܠܒܛܝܪ ܐ ܡ ܝܡܘܟܪ .ܚܚܘ ܕܠ ܠܚܚ ܠܛ ܐܠܕ : ܐܝܝܝܘܪܪ

25 ܢ ܝܘܚܡܝܩ ܐܝܒܘ ܢ ܝܘܟܒܒܚܝܪ: ܐܚܠܐܟܐ ܢ ܝܘܡܩ ܚܠܝܛܒ

ܢܠܝܡ ܝܒ ܚܝ ܝܡܒܝ ܝܒܝܪ ܝܡܘܪ ܐܘܝ ܝܘܪ .ܐܠܝܛ * Fol. 60 rº

.ܚܒܒܕܚܝ ,ܚ ܐܝܚܡܪ ܡܝܕ ܢ ܝܘܒܚܠܒܘܪ ܢ ܝܘܟܒܒܚ

ܢܠܝܡ ܚܒܚܡܝ .5 .ܐܝܝܘܚܝܪܩ ܢ ܝܠܠܛܡ ܝܘܝ ܝܘܪ

---

¹ There is an illegible marginal note opposite lines 9-11 of fol. 59r (. . . . . . ܐܚܘܩ ܢ ܝܘܟ ܝܠܘ).

² The MS omits ܐܪܚ ܕܚܪ ܡܝܠܡ ܠܚ (cf. Is. 57.6 P) by a scribal error (homoeoarcton).

ܘܢܘܪܘܢ ܐܢܘܢ ܒܡܐ ܘܒܝܒܫܐ. ܦܪ̈ܘܩܘܗܝ ܕܡܪܝܐ.
.12 ܘܬܘܒ. ܘܐܦܩ ܙܪܥܐ ܡܢ [1] ܝܥܩܘܒ ܘܡܢ ܝܗܘܕܐ ܝܪܬܐ [1]
ܕܛܘܪܝ، ܘ[ܢ]ܐܪܬܝܗ [2] [ܠ]ܓܒ̈ܝ ܘܥܒ̈ܕܝ، ܢܫܪܘܢ ܬܡܢ.
ܘܐܢܬܘܢ ܠܡ ܕܫܒܩܬܘܢ ܠܡܪܝܐ : [ܘ]ܛܥܝܬܘܢ
ܠܛܘܪܗ ܩܘܕܫܐ ܘܡܛܝܒܝܬܘܢ ܦܬܘܪܐ ܠܓܕܐ ܘܡܡܠܝܬܘܢ
ܠܗܘܢ ܡ̈ܢܝܐ ܐܡܢܝܟܘܢ ܒܣܝܦܐ ܘܟܠܟܘܢ ܒܩܛܠܐ
ܬܬܟܪܥܘܢ ܥܠ ܕܩܪܝܬܟܘܢ ܘܠܐ ܥܢܝܬܘܢ ܘܡܠܠܬ
ܘܠܐ ܫܡܥܬܘܢ ܘܥܒܕܬܘܢ [ܕܒܝ]ܫ ܩܕܡܝ. ܘܓܒܝܬܘܢ
Fol. 63 rº ܒܡܕܡ [ܕ]ܠܐ ܨܒܐ ܐܢܐ. ܡܛܠ[ܗܢܐ] * ܗܟܢܐ ܐܡܪ.
ܡܪܝܐ. ܗܐ ܥܒ̈ܕܝ، ܢܐܟܠܘܢ. ܘܐܢܬܘܢ ܬܟܦܢܘܢ. ܗܐ
ܥܒ̈ܕܝ، ܢܫܬܘܢ ܘܐܢܬܘܢ ܬܨܗܘܢ. ܗܐ ܥܒ̈ܕܝ، ܢܚܕܘܢ
ܘܐܢܬܘܢ ܬܒܗܬܘܢ. ܗܐ ܥܒ̈ܕܝ، ܢܫܒܚܘܢ ܡܢ ܛܝܒܘܬܐ
ܕܠܒܗܘܢ : ܘܐܢܬܘܢ ܬܓܥܘܢ ܡܢ ܟܐܒܐ ܕܠܒܟܘܢ
ܘܡܢ ܬܒܪܗ ܕܪܘܚܟܘܢ ܬܝܠܠܘܢ. ܘܬܫܒܩܘܢ ܫܡܟܘܢ ܠܣܘܒܥܬܐ
ܠܓܒ̈ܝܝ. ܘܢܡܝܬܟ ܡܪܝܐ ܐܠܗܐ : ܘܠܥܒ̈ܕܘܗܝ، ܢܩܪܐ
ܫܡܐ ܐܚܪܢܐ. ܡܛܠ ܕܗܐ ܒܪܐ ܐܢܐ ܫܡܝܐ ܚܕ̈ܬܐ
ܘܐܪܥܐ ܚܕܬܐ. ܘܠܐ ܢܬܕܟܪ̈ܢ ܩܕ̈ܡܝܬܐ ܘܠܐ ܢܣܩܢ
ܥܠ ܠܒܐ. ܐܠܐ ܚܕܘ ܠܥܠܡ ܥܠܡܝܢ ܕܒܪܐ ܐܢܐ.
ܘܦܘܪ̈ܫܢܐ ܕܐܝܟ ܗܠܝܢ ܕܠܐ ܒܗ ܒܬܪܗ ܠܘܬܐ.
Fol. 63 vº .13 * ܐܢܬ ܝܗܘܕܝܐ ܕܐܢܫܐ ܠܒܝܬܗ ܕܐܒܪܗܡ : ܘܡܠܐܐ
ܦܘܪܫܢܐ ܐܫܬܟܚܬ ܒܡܫܝܚܘܬܐ ܦܘܪܫܢܐ ܚܕܬ. ܐܝܟ ܕܠܐ
ܦܘܡ ܐܢܐ ܠܟܠܟܘܢ. ܒܟܠܗ ܚܕܐ ܕܐܫܬܟܚܬ ܐܝܟ
ܕܠ[ܘ]ܩܒܠ : ܐܦ ܗܝ، ܚܕܐ ܠܗܘܦܟܐ ܐܫܬܟܚܬ. ܒܬܪ ܕܝܢ
ܬܪܝܢ ܐܢܬ ܠܝ ܕܐܡܪܬ ܠܝ. ܕܒܗܘܢ ܐܬܦܠܓܬ ܐܘ ܢܒ̈ܝܐ
ܐܢܬ. ܟܕ ܫܡܥ ܐܢܐ ܦܘܪܫܢܐ ܕܒܫܡ̈ܥܬܐ. ܚܕܐ
ܒܫܘܪܝܐ. ܕܒܫܘܬܗ. ܘܚܕܐ ܒܫܘܠܡܗ. ܒܫܘܪܝܐ ܕܝܢ
ܐܡܪ [3] ܫܡܝܐ ܘܨܘܬܝ، ܐܪܥܐ ܕܒܢ̈ܝܐ ܠܡ ܪܒܝܬ ܘܪܘܡܡܬ

[1] A later scribe has written over the words in this line with black ink, probably because they were faint in his day, just as the whole page is faint today. He has written a Serṭā Mīm in the first word, so he was probably S.scr.

[2] Read : ܘܢܐܪܬܝܗ.

[3] There is an illegible note in the margin; probably it is adding: ܫܡܥܘ (cf. Is. 1.2 P).

ܕܒܝܕܐ ܠܐ ܟܘ̈ܬܒܠܬ̈ܗܘܢ * ܠܐ ܟ̈ܒܬܐ ܘܣܝܡ̈ܗܢ ܠܐ ܕܒܝܕܐ.   Fol. 64 rᵒ

5 .XXI .1. ܣܡ̈ܘܝ̈ܐ ܕܒ̈ܒܕ ܗ̈ܐܪܝ ܣ̈ܠܡܐ ܣܡ̈ܝ ܐܠܗ̈ܘܢ ܐܪܟ ܐܪ

ܗܢ : ܣ̈ܝܡܥ * .2. ܣܡ̈ܪ ܕܒ̈ܟ ܠܕ̈. ܐܪܟ ܐܝܪ̈ܡ : ܘܣ̈ܟܠܘܒ ܕܒܝ. Fol. 64 vᵒ

ܟ̈ܒ̈ܣ̈ܝ̈ܟ̈ܪ ܐ̈ܒ̈ܠ̈ܟ̈ܐ * .5 : ܣ̈ܝ̈ܬ ܗ̈ܪܝ ܕ̈ܒ̈ܪ: ܘܣ̈ܒ̈ܘ̈ܒ̈ܗ ܗ̈ܪ̈ܒ̈ܕ. Fol. 65 rᵒ

---

[1] There is an illegible marginal note opposite line 10 of fol. 64r (ܠ .... ܐܝܬ).

ܩܢܘܩ ܐ، ܝ. ܕܠܘ ܠܩܠܝܐ ܘܠܟܐ ܟܠܝܘܬܐ؛ ܕܟܠܝܢ ܟܣܘܕܐ

ܬܩܕܘܢ. ܟܘܣܗ ܐܝܢ ܐܠܘܝܪ؛ ܪܝܐܘܐ ܗܘܐ ܐܟܪܗ ܘܐܟܘܬܗ. ܕܟ

ܐܙ ܟܕܘ ܟܪܬܕ ܐܠܟ ܠܟܪ ܟܕ ܟܪܬܪܝ ܟܠܐ ܟܘܗܝ.

ܐܟܠܐ ܠܟ ܐܝܕܪ ܟܘܕܪ؛ ܗܘܕܪ، ܬܗܕ ܟܠܡ ܠܟ ܢܝܐ ܗܘܐ

ܟܠ ܗܘܣ ܝܘܡܝ. ܟܠܠܕ، ܝܢ ܠܟܬܚܕ ܕܟܬܝ ܕܗܕܪ ܩܘܢ ه 5

*ܗܢܩ ܢܝܘ، ܚܘܕ. ܟܗܡ ܘܢܘܕܝܘܡ؛ ܐܪܙܐ ܠܢܘܟܠ ܐܝܢܐ ܘܕܝܬܪ.

ܗܡ، ܚܠܕ، ܘܠܚܣܟܐ، ܘܡܠܗ، ܐܘܪܝܘܢܠܟ ܚܢܬܐ؛ ܚܠܝ ܠܟ ܠܟܬܚܝ.

ܚܝܘ ܚܠ ܬܚܠܚܝ ܘܩܣܚܝ. ܘܡܗ ܬܩܕܪܐ ܐܟܗܡ ܕܗܡ

ܝܟܘܕܐ ܠܝܘܠܐ ܘܩܐ ܐܪܝܐ. ܘܠܐܕܝܕ؛ ܐܕܚܣܝܢ.

ܩܟ. ܟܐ ܚܕܙܕ ܟܘܡ ܕ ܬܚܕܘܬ ܟܬܟܝܘܕܝ ܘܗܘܩܘܐ 6.10

ܟܘܡܝ ܗܡܐ ܟܪܬܕܐ ܐ، ܩܘܣܢܩܘܪ، ܘܩܠ ܟܪܐ، ܘܡܝ ܚܘܪܝ.

ܚܣܘܡܗ ܐܠܐ ܥܢ ܠܟ ܕ ܩܗ؛ ܡܗܝܝܝܘܬܝ ܝܟܝ ܐܟܠܐ

ܠܟܬܕܠܟ ܟܬܗ ܟܪܐ ܟܠܠܟ ܟܠܠܟ ܗܡ ܝ، ܠܩܕ؛ ܟܬܘܟ ܟܬܗ ܕܝ 2:

ܘܐܗܕܐ ܟܪܟܝ ܘܐܡܗܝ ܟܪܘܣ، ܐܪܝܟ ܚܕ ܟܘܝ ܟܐܠܘ. ܝܠܡ

ܟܕܐ. ܐܪܝܟܠܝ ܘܗ ܟܘܕ ܘܬܚܕܚ ܕܚܕܝܘܗܕ ܩܕ ܬܠܝܟܪ؛ ܟܬܝ 15

ܕܡ ܐܪܝܟܝܠܝ ܚܠܕ ܚܠ ܟܪܬܐܘܪ ܬܩܘܕܟܐ *؛ ܩܡ ܩܘܠܘ܀

ܟܪܝܐ ܟܠܬܐ ܟܪܬܝܐ؛ ܪܚܘܕܟ ܗܠ ܐܗܡܝ ܐ ܚܡܘܪܝ.

7. ܐܪܝ ܟܪ ܝܪܐ ܟܪܗܗ. ܘܡܩܘܗܘ. ܣܚܕ ܝܘܪ ܐܪܟ ܐܠܕ

ܘܗܠܡ ܟܠܗ ܟܘܝܘܢܟ ܟܟܠܗܐ ܕܗܘܡܒܟ؛ ܚܠ ܕܡ، ܚܝܕ ܚܝܘܬܡ

ܬܩܩܕܐ 20 ܘܚܕ. ܕܟܠܡ ܟ ؛ ܟܠܡ ܐܘܪܝܘܢܟ 3ܘܗܒܣ. ܐ، ܚܟܟܬ.

ܘܠܝܟܐ 4، ܚܠܡ، ܟܪܗܘ ܟܣܘܡ ܟܚܘܪܝ ؛ ܚܝܒ ܗܠ ܪܗܡܟܐ

ܟܝܝܢ. ܗܡ ܝ، ܗܘܡ ܟܬܚܣܝ5. ܕܟܪܪܝ ܝܫܘܗ ܐܠܟ ܪܐܡ، ܩܗܘܡܝ

ܟܪܗܘܡܝ ܟܠܒܠ ܠܒܠܗ ܘܚܡܐܠܘܗ، ܘܠܗܡܘܬܝ ܐܪܡ؛

ܠܚܡ ܢ؛ ܐ، ܝ، ܕܟܪܕ ܗܘܚܝ ܚܠ ܚܠ ܝܝ ܬܪܝܬܗ ܟ ܟܬܪܝ ܘܪܐܟܪ.

ܟܘܣܐ ܐܘ ܟܝܐ ܐܪܝ ܩܪܝܕܒܗ ܟ ܠܩܠܘܬ. ܐܟܘ 25

(left margin, line 6)

(left margin, line 16)

---

[1] Above the line (S.scr.): ܟܬܩܘܣܝ ܝܟܪ. This clarifies the sense but need not necessarily be read.

[2] Read : ܟܬܟܝܗ.

[3] In margin (S.scr.): ܪܝܘܗܝܠ.

[4] Read : ܚܠܝ.

[5] Perhaps read : ܟܬܚܣܝ since the form ܟܬܚܣܝ is not recorded in the dictionaries and the or.scr. has a marked tendency to omit medial ܝ.

ܕܠܕ ܝܢ ܐܡܪ ܠܡܘܢ ܕܐܠܗܐ ܕܡܫܬܡܥ ܐܦ : ܠܩܕܝܫܐ * Fol. 66 vᵒ

[Syriac text, line 2]

[Syriac text, line 3] ¹ܘܥܡܘܕ. ܘܐܠܐ : ܠܩܛܠܐ

[Syriac text, line 4]

5 [Syriac text, line 5]

[Syriac text, line 6]

[Syriac text, line 7]

[Syriac text, line 8]

[Syriac text, line 9]

10 [Syriac text, line 10] . 8. [Syriac]

[Syriac text, line 11]

[Syriac text, line 12]

[Syriac text, line 13] * ²[Syriac]. Fol. 67 rᵒ

15 [Syriac text, line 15]

[Syriac text, line 16]

[Syriac text, line 17] ²ܝܣܘ

[Syriac text, line 18]

[Syriac text, line 19] 11. [Syriac]

20 [Syriac text, line 20]

[Syriac text, line 21] 9. [Syriac]

[Syriac text, line 22]

[Syriac text, line 23]

[Syriac text, line 24]³

25 [Syriac text, line 25] * Fol 67 vᵒ

[Syriac text, line 26] 10. [Syriac]

---

¹ Read : [Syriac].

² There are no quotation marks in the margin opposite lines 1-5 of fol. 67r ([Syriac] [Syriac] . . . . . .), indicating that the text does not contain a direct quotation from Josephus.

³ This particle seems to have no function here. Perhaps we should emend to : [Syriac] and attach it to the following sentence which, though clearly a question, lacks an interrogative particle.

Fol. 68 rº ܐܘܒ݂. ܗܘܡ * ܐܠܟ݂ܠܝܟ, ܡܚܬܘܝܐ ܚܕ݂ ܚ݂ ܗܘ ܗܘ ܚܕ݂

Fol. 68 vº ܗܘܣܐܕ݂. ܠܚܠ ܚܒܝܚܒ * . ܝܚܪ ܐܟܪ݂ܒܝ݂ܐ.

---

[1] Read : ܐܘܒ݂ܝ.

[2] Read : ܚ; cf. NÖLDEKE, S.G., p. 305 (Eng. trans., p. 316f).

ܒܪ̈ܐ ܕܠܐ ܕܟܝ̈ܢ .14 ܢܕ̇ܝܢ ܩ̇ܪܐ ܡ̣ܢ ܡ̇ܪܝ ܕܒܗ ܘܩܕ̈ܘܫܐ : * Fol. 69 rº

ܥ̇ܘܒ̈ܝܢ ܐ̇ܠܐ ܡ̣ܢ : * ܗ̣ܝ̇ܕܗ, ܒܗ, ܒ̇ܢ : ܡ̣ܢ ܩ̇ܘܒܐ Fol. 69 vº

.1 XXII. ܘܩ̇ܘܡܝ̈ܐ ܐ̇ܡ̣ܪ. ܐ̇ܠܐ ܡ̇ܣ̣ܠ ܒ̇ܕ ܠ̇ܒ̇ܝ̇ܟ

ܘ̇ܟ̇ܝ ܥ̇ܪ̈ܝ *ܐ̇ܠ ܐ̇ܬ̇ܘ̇ܪ̈ܝ̇ ܡ̇ܪ̈ܚ̇ܡ̇ܢ̇ : ܐ̇ܬ̇ܘ̇ܪ̈ܝ̇ Fol. 70 rº

---

¹ Read : ܘ̇ܒ̣ܚ̇ܒ̇ܘ̇ܬ̇ܐ.

² Read : ܐ̇ܒ̣ܝ̇ܣ̇ܘ̇.

³ Read : ܘ̇ܒ̣ܚ̇ܘ̇ܬ̇ܗ.

⁴ Perhaps add : ܗ̣ܘܐ.

---

1 Read : ܘܡܪܚܩ.

2 Read : ܚܒܝܘܝ to agree with the plural verb and with ܢܫܐ.

3 Perhaps add s^eyāmē.

ܒܬܘܿܬܐ ܒܢܵܘ̈ܪܐ. ܐܠܟ ܕܡ ܠ̈ܠܛ ܡܢ ܒܪܚ̈ܝܐ ¹ ܐܟ̈ܝܘܐܬ ـ

² ܠܠܠܐ ܕܡ ܠܟܐ : ܣܚܡܢܐܘ ܐܪܠܟܐܪ ܡܚܒܘܡ ܡܢ

ܬܡ ܐܢܘܟ ـ ܐܢܝ̈ܬܐ ܐ̈ܟ̈ܝ ܐܪܗܐܪ ܐ̈ܟ ـ ܐܠܐܬ̈ܝ ܘ̈ܐܪܐܘ

ܚ̈ܐܝܐ ܕ̈ܐܢܡܐ : ܡ̈. ܪ̈ܐܡ.ܪ̈. ܪ̈ܐܢ. ܐܝܪ ܐ̈ܐܢܠ ـ ܐܠܛ̈ܝܬܐ :

⁵ ܡ̈ܝܘܐܪ ܕܡ ܐܪܐ : ܐ̈ܟܐܠܙ̈ܝܐ ـ ܐܕܘܪ ܐ̈ܗܡܝ ܐ̈ܡܥ̈ܐ

ܐ̈ܢܘܪ̈ܐ ܗܐܡ ܐ̈ܕܗܪ ܐܠܪ : ܣܚܡܝ̈ܐܠ ـ ܐܕܗ̈ܝܐܗܪ ـ

ـ ܐܡ : ـ ܐ̈ܡܡ̈ܠܐܠ ـ ܐ̈ܡܐ̈ܗܪ * ܐ̈ܝ̈ܕ̈ܡ ܐܝ ܚ̈ܠ ܐܠ. .5 Fol. 72 rᵒ

ܢ̈ܬܘܡ ܐ̈ܡ̈ܗܪ ܐ̈ܝܪ̈ܐܒ̈ܝܐ ܪ̈ܐ : ܐ̈ܚ̈ܐ̈ܒ̈ܝܐ ܪ̈ܚܒܐ̈ ܝ̈ܒܘ̈ ܝ̈ܐܪܝ ܝ̈ܚܠ

ܐܗܡ ܐ̈ܗܡ̈ܝܐ ܐܡ ³ : ܐ̈ܠܒ̈ܝܐ, ܡ̈ܐܠܠܠ : ܐ̈ܡܠܪ ܝ̈ܥ

10 ܐ̈ܡܡ̈ܬ̈ܝ ܐ̈ܠ̈ܐ̈ܚ ܐ̈ܚܝܐ ـ ܐܕܘܪ ܐܪ ܐ̈ܒܡ . ـ ܐܡ̈ܠܠܠ

ܡ̈ܗܐܕ̈ܝܐ̈ܒ ـ ܐ̈ܡܡ̈ܗܐ̈ܗܐ ـ ܐ̈ܝ̈ܒ̈ܝܐ̈ܗܝ ـ ܐ̈ܗܡܒ̈ܝ . ܐ̈ܚܥ̈ܝ

ܝ̈ܒܝ̈ܬ : ܐ̈ܚ̈ܗ ܐ̈ܟ̈ܝ̈ܗ̈ܝ̈ܚ̈ ܐ̈ܟ̈ܠ̈ܚ ـ ܐ̈ܗ.ܝ̈ܚܘܐܘ : ـ ܐ̈ܥܡ

ـ ܐ̈ܡ̈ܗ̈ܝ̈ܪ̈ܗ̈ ܐ̈ܗ̈ܝ̈ܪ̈ܐ̈ܗ̈ܪ ܠ̈ܗܪ̈ܒ̈ܥ ܐ̈ܠܐ : ـ ܐ̈ܡ̈ܗ̈ܐ̈ܪ ܐ̈ܐ̈ܒ̈ܝܐ ܝ̈ܥ̈ܝ̈

ـ ܐ̈ܡܗ̈ܝ̈ܪ̈ܗ̈ ܐ̈ܪ̈ܝܐ̈ܗܒܐ ܐ̈ܠ̈ܘ̈ܝܐ ܡܢ : ـ ܐ̈ܡ̈ܡ̈ܡ̈ܐ̈ܪ̈ܗ ܐ̈ܪ̈ܐ̈ܒ̈ܗ ܐ̈ܟ̈ܠ̈ܘ̈ܝ

: ܐ̈ܟ̈ܝ̈ܒ̈ܚ ܝ̈ܒ ܐܪ . ـ ܐ̈ܡ̈ܡ̈ܡ̈ܐ̈ܪ̈ܗ̈ ܐ̈ܪ̈ܐ̈ܒ̈ܗ ܐ̈ܠ̈ܘ̈ܝ ܡܢ

15 ܝ̈ܠܐܪ̈ ⁴ܐܠ̈ܪ .6 . ܐ̈ܚ̈ܪ̈ܡ̈ܘ ܐ̈ܚ̈ܥ ـ ܐܗܡ ܐ̈ܒܡ ܢ̈ܝ̈ ܠ̈ܗܒ̈ܝܐܕ

ܝ̈ܒ : ܐ̈ܡ̈ܠܪ ـ ܐܠܠ ܐ̈ܚ̈ܝ : ܐ̈ܟ̈ܠܐ̈ܪ̈ ـ ܐ̈ܝ̈ܪ ܐ̈ܡܝܐ : ܝ̈ܪ

ܐ̈ܝ̈ܪ̈ܗ : ـ ܐ̈ܡ̈ܝ̈ܒ̈ܝ̈ܚ ܡ̈ܪ̈ܐ ܐ̈ܗ̈ܡ ܝ̈ܪ̈ܗ̈ ܐ̈ܗ̈ܠ̈ܝ̈ܘ̈ܐ̈ ܐ̈ܚ̈ܝ̈ܪ̈ܗ̈ * Fol. 72 vᵒ

. ـ ܝ̈ܪ̈ܡ̈ ܐ̈ܟ̈ܝ̈ܪ ܡܢ ـ ܐ̈ܒ̈ܗ̈ܡ̈ܪ̈ܗ : ـ ܐ̈ܟ̈ܡ̈ܠ̈ܪ ܐ̈ܟ̈ܝ̈ܡ̈ܪ ܐ̈ܠ̈ܪ

ܐ̈ܗ̈ܐ̈ܡ̈ܝ̈ܠ ⁵ ـ ܐ̈ܗܐ̈ܡ ܝ̈ܠ̈ܦ : ܐ̈ܚ̈ܝ̈ܒ̈ܝ̈ ܐ̈ܝ̈ܪ̈ܗ̈ ܐ̈ܝ̈ܪ ܡܢ ܪ̈ܐ ـ

20 . ܐ̈ܗ̈ܐ̈ܒ̈ܪ̈ܗ ܡ̈ܪ ܡܢ ܐ̈ܚ̈ܡ ܐܪ ܐ̈ܚ̈ܝ̈ܡ . . . ـ ܐ̈ܗ̈ܐ̈ܡ ـ ܐ̈ܚ̈ܒ̈ܥ̈ܝܐ

ܐ̈ܝ̈ܪ̈ܝ̈ܐ : ܐ̈ܚ̈ܡ̈ܥ̈ܝ ܠ̈ܠ̈ܛ̈ܝ̈ܪ̈ܗ ܐ̈ܚ̈ܝ̈ܡ̈ܪ̈ܗ ܐ̈ܗ̈ܐ̈ܒ̈ܝ̈ܪ̈ܗ ـ ܐ̈ܗ̈ܐ̈ܡ̈ܒ̈ܝ

ܐ̈ܗ̈ܝ̈ܪ̈ܕ̈ܝ̈ܐ̈ܗ : ܡ̈ܗ̈ܒ̈ܝ̈ܠ̈ܠ̈ܝ̈ ܐ̈ܡ̈ܝ̈ܪ̈ܝ̈ ܐ̈ܠ̈ܝ̈ܐ̈ܪ̈ܝ̈ ܐ̈ܝ̈ܒ̈ܥ̈ܝ̈ܐ

---

¹ Read : ܐ̈ܟ̈ܝ̈ܒ̈ܝ̈ܚ̈ܡ, and perhaps add : ܐ̈ܗ̈ܡ.

² The gender of ܐܡ ܠ̈ܠ̈ܠ presents a problem. It is best to read : ܡ̈, ܐ̈ܠ̈ܠ̈ܐ, since there is no way of construing the sentence without connecting these words to ܠ̈ܠ̈ܛ ; cf. p. 80, l. 19.

³ Read : ܐ̈ܠ̈ܒ̈ܥ.

⁴ The ܠ in this word looks like a later insertion, so the original reading could have been : ܐܪ̈ܐ. However, the parallelism with ܐ̈ܡ̈ܝ̈ ܐ̈ܡ̈ܝ̈ suggests that ܐܠ̈ܪ is the correct reading.

⁵ Read : ـ ܐ̈ܗ̈ܝ̈ܐ̈ܡ ; or. scr. has added ، above the line.

[ܐ] 5

Fol. 73 rº

10

ᵗ

15

²

Fol. 73 vº *

20

25

Fol. 74 rº *

---

[1] There is an illegible marginal note opposite lines 11-13 of fol. 72v (ܘܩܝܨܝܬܐ ܘܐܪܝܬܐ ....).

[2] Read: ܕܢܘܣܡ.

[3] There was definitely a word here originally, but all that can be seen is perhaps a ܩ at the end of it; there is room for about four more letters.

ܒܣܪ : ܓܒܪܐ ܥܠ ܟܢܘܫܬܐ ܕܢܦܘܩ ܩܕܡܝܗܘܢ
ܘܕܢܥܘܠ ܘܕܢܦܩ ܐܢܘܢ. ܘܕܢܥܠ ܐܢܘܢ. ܕܠܐ ܬܗܘܐ
ܟܢܘܫܬܗ ܕܡܪܝܐ : ܐܝܟ ܥܢܐ ܕܠܝܬ ܠܗ̇ ܪܥܝܐ. ܘܐܡܪ
ܡܪܝܐ ܠܡܘܫܐ. ܕܒܪ ܠܟ ܗܘܫܥ ܒܪ ܢܘܢ ܓܒܪܐ
ܕܪܘܚܐ ܒܗ. ܘܣܝܡ ܐܝܕܟ ܥܠܘܗܝ. ܘܐܩܝܡܝܗܝ, ܩܕܡ ܐܠܥܙܪ
ܟܗܢܐ. ܘܩܕܡ ܟܠܗ̇ ܟܢܘܫܬܐ. ܘܦܩܘܕܝܗܝ, ܠܥܝ̈ܢܝܗܘܢ.
ܘܗܒ ܡܢ ܫܘܒܚܟ ܥܠܘܗܝ. ܘܢܫܬܡܥܘܢܗ ܟܠܗ̇ ܟܢܘܫܬܐ
ܕܒ̈ܢܝ ܐܝܣܪܐܝܠ. 9. ܗܟܝܠ ܒܫܦܪܐ ܕܡܫܝܚܐ ܕܐܬܐ[ܘܗܝ]
ܕܐܪܒܥܐ ܟܬܒܝ. ܒܣܦ[ܪ]ܐ [ܕܝܢ][1] ܕܢܡܘܣܐ ܕܡܬܩܪܐ
ܬܢܝܢ ܢܡܘܣܐ ܟܬܝܒ ܗܟܢܐ. ܗܘܝܬ ܬܡܝܡ ܩܕܡ[2] ܡܪܝܐ
ܐܠܗܟ : * ܡܛܠ ܕܥܡ̈ܡܐ ܗܠܝܢ ܕܝܪܬ ܐܢܬ ܠܗܘܢ : Fol. 74 v°
ܠܚܪ̈ܫܐ ܘܠܩܨܘ̈ܡܐ ܫܡܥܝܢ. ܐܢܬ ܕܝܢ : ܠܐ ܗܘܐ
ܗܟܢܐ ܝܗܒ ܠܟ ܡܪܝܐ ܐܠܟ[3]. ܢܒܝܐ ܡܢ ܓܘܟ ܡܢ
ܐܚܝܟ ܐܟܘܬܝ, ܢܩܝܡ ܠܟ ܡܪܝܐ ܐܠܗܟ. ܠܗ ܬܗܘܘܢ
ܫܡܥܝܢ. ܘܐܡܪ ܠܝ ܠܡ ܡܪܝܐ. ܢܒܝܐ ܐܩܝܡ ܠܗܘܢ
ܡܢ ܓܘ ܐܚܝܗܘܢ ܐܟܘܬܟ. ܘܐܬܠ ܦܬܓܡ̈ܝ ܒܦܘܡܗ.
ܘܢܐܡܪ ܠܗܘܢ ܟܠܡܕܡ ܕܐܦܩܕܝܘܗܝ. ܘܓܒܪܐ ܕܠܐ
ܢܫܡܥ ܠܦܬܓܡ̈ܝ ܕܡܡܠܠ ܒܫܡܝ : ܐܢܐ ܐܬܒܥ
ܡܢܗ. 10. ܡܢܘܐ ܒܓ̈ܢܒܐ ܐܢܬ ܕܬ̈ܠܝܡ ܡܢ ܗܠܝܢ : ܐܡܢܐ
ܠܫܡܥ ܗܠܝܢ ܥܠ ܡܫܡܫܢܘܗܝ : ܕܡܪܝܐ ܘܡܫܝܚܐ
ܐܡܪܘ : ܕܐܝܬܘܗ̇ ܕܡܫܝܚܐ ܗܘܐ̇ ܢܒܝܐ ܕܩܐܡ. ܘܒܐܝܕܐ
ܐܬܕܒܪ ܬܠܡܝܕܐ ܗܘܫܥ ܒܪ ܢܘܢ : ܘܐܝܬܘܗ̇ ܕܪܒܗ
* ܡܫܝܚܐ ܗܘܐ. ܐܝܟ ܢܡ̈ܘܣܐ ܗܘ. ܐܘ ܕܬܠܡܝܕܐ ܒܒ̈ܢܝ Fol. 75 r°
ܘܐܫܠܡ ܠܟܠܗܐ. ܐܠܦܗ ܒܢ̈ܝ. ܕܠܐ ܢܣܛܐ ܡܢ
ܢܡܘܣܐ ܕܪܒܗ. ܠܐ ܠܝܡܝܢܐ ܘܠܐ ܠܣܡܠܐ. ܘܕܗܘܐ[4]
ܪܥܝܐ ܒܗ. ܟܠܝܠܐ ܘܒܐܝܕܝܗܐ. ܘܬܘܒ ܡܫܡܫܢܗ̇ ܒܬܠܒܐ

[1] The ܕ of this word is perhaps just faintly visible.

[2] There may be another word before ܩܕܡ, but nothing definite can be seen, and there is nothing between ܬܡܝܡ and ܩܕܡ in Dt. 18.13 P.

[3] Read : ܐܠܗܟ; S.scr. has added ܗ above the line.

[4] Read : ܘܕܢܗܘܐ; cf. Nöldeke, *S.G.*, § 300.

ܘܐܡܪ. ܘܬܘܒ[1] ܠܡ ܠܐ ܩܡ ܢܒܝܐ ܒܐܝܣܪܐܝܠ ܐܝܟ
ܡܘܫܐ: ܕܢܕܥܗ ܡܪܝܐ ܐܦܝܢ ܠܘܩܒܠ ܐ̈ܦܝܢ. 11. ܝܫܘܥ
ܡܫܝܚܐ ܕܝܢ: ܠܘ ܒܠܚܘܕ ܐܝܟ ܡܘܫܐ: ܐܠܐ ܣܓܝܐܐ
ܗܝ ܬܫܒܘܚܬܗ ܝܬܝܪ ܡܢ ܕܡܘܫܐ ܒܐ̈ܒܗܬܐ ܣ̈ܓܝܐܐ.
ܡܘܫܐ ܓܝܪ. ܐܬܡܪ، ܒܪ ܒܬܘܠܬܐ ܒܠܚܘܕ.. ܒܪ ܠܘ
Fol. 75 vº * ܒܪ ܒܬܘܠܬܐ ܗܘܐ. ܡ[ܫܝܚܐ] ܕܝܢ ܒܪ ܒܬܘܠܬܐ ܗܘܐ
ܒܫܪܪܐ. ܪܒ ܓܝܪ ܫܘܟܢܐ ܡܢ ܦܘܩܕܢܐ ܘܢܡܘܣܐ
ܡܢ ܠܠܝܬܐ. ܡܘܫܐ ܦܘܩܕܢܐ: ܘܡܫܝܚܐ ܬܦܢܝܬܐ
ܘܫܪܪܐ. ܐܝܟܢܐ ܓܝܪ ܕܐܒ ܗܘ ܠܒܪܐ ܕܒܬܘܠܬܐ ܡܢ
ܒܘܝܢܐ ܕܒܪ ܒܬܘܠܬܐ: ܗܟܢܐ ܟܠ ܚܕܐ ܚܕܐ ܡܢܗܘܢ
ܟܕ ܡܬܦܫܩܢ: ܕܡܘܫܐ ܘܕܡܫܝܚܐ: ܫܒܝܚܐ
ܡܕܒܪܢܘܬܐ ܕܡܫܝܚܐ ܘܐܬܘܬܗ ܝܬܝܪ ܡܢ ܕܡܘܫܐ.
12. ܘܫܘܒܚܘܗܝ ܕܬܕܡܪܬܐ ܘܢ̈ܝܫܐ ܘܬܫ̈ܒܚܬܐ: ܘܗܐ
ܡܬܒܥܝܢ ܐܝܬܘܗܝ ܒܐܢ̈ܫܐ ܡܢ ܒܪ̈ܢܫܝܐ: ܕܗܢܘܢ
ܠܡ ܡܫܝܚܐ ܐܘ ܫ̈ܒܝܠ ܦܠܚܪ̈ܐ ܠܒܢܝ ܢܫܬ ܕܒܘܢܝܒܘܗܝ
Fol. 76 rº ܡܪܓܠܝܢܐ. ܠܘ ܓܝܪ ܒܢܝܬ ܝܠܘܬܐ * ܐܝܬܘܗܝ: ܐܝܟ
ܕܐܝܬܘܗܝ ܗܕܡܝ ܒܦܠܚܘܬܗܘܢ. ܐܠܐ ܐܝܬܘܗܝ، ܒܢܝܬ
ܫܒܬܐ ܕܠܒܗܘܢ: ܒܢܝܬܐ ܕܪܘܓܙܐ ܘܕܚܡܬܐ: ܐܝܟܢܐ
ܕܒܢܝܢ ܒܠܒܗܘܢ. ܕܝܠܘܬܗܘܢ ܬܗܘܐ ܣܦܝܩܬܐ.
ܘܒܐܫܒܥܐ ܒܢܝܢ. ܕܒܪ ܠܡ ܬܦܪܣܘܢ ܐܢ̈ܫܝܗܘܢ:
ܐܡܗܐ ܬܓ̈ܝܢ ܡܢܗܘܢ. ܘܐܦ ܬܣܓܘܢ ܝܠܘܬܐ ܠܐ
ܥܒܕ ܐܢܐ. ܡܛܠ ܠܡ ܕܐ̈ܢܫܝܗܘܢ ܦ̈ܠܓܝ ܕܡܐ. 13. ܐܪܐ
ܒܝ: ܕܡܐ ܕܬܘܪܐ ܘܕܒܪܥܐ ܗܒܪ ܐܢܬ ܕܐܝܬܘܗܝ: ܕܡܐ
ܕܐܡܪ ܐܫܒܥܐ ܕܦ̈ܠܓܝ ܐ̈ܢܫܝܗܘܢ: ܢܒܥܐ ܒܗܡ ܐ̈ܡܗܬܗܘܢ
ܕܐ ܗܘܐ. ܕܐ̈ܢܫܝܗܘܢ ܕܡܐ ܕܢܦ̈ܫܬܐ ܘܕܙ̈ܪܥܐ ܡܠܝܢ
ܗܘ، ܘܒܠܒܗܘܢ ܬ̈ܫܒܚܘܢ ܕܫ̈ܦܝܪܐ: ܢܒܥܘܬܐ ܫܦܠ.
Fol. 76 vº ܕܕܡܗܘܢ * ܕܡܫܝܚܐ ܒܐ̈ܢܫܝܗܘܢ ܒܬܘܡ. ܐܝܟ ܕܒܬܘܒ.
ܕܬܫܡܛ ܒܗܘܢ ܒܗܬܬܐ ܘܦܠܒܢ ܬܬܡ ܒܠ ܦ̈ܪܨܘܦܝܗܘܢ.
ܗܢܘ ܕܝܢ ܪܘܓܙܢ: ܒܠ ܐܬܬܐ، ܓܝܪ: ܕܢ̈ܟܒܬܗܘܢ ܬ̈ܬܦܫܠ

[1] It looks as though or.scr. may have originally written : ܬܘܘ here, and altered it later to : ܬܘܒ.

ܐܢ ܂ ܚܒ ܐܠܘܩܐ .14 ܂ ܢܥܘܒܘܬ ⁎ ⁶ ܣܟܚܬܗ. Fol. 77 rᵒ

⁶ ܘܢ̈ܫܒ ܗܘ ܂ ܪܘܢܣ ܥܒܠ ⁎ ܟܒܝ̈ܢ̈ܘܒܝ ܗܘ ܢ̈ܩ Fol 77 vᵒ

---

[1] Or.scr. originally wrote : ܗܘܣ, and then inserted the ܠ later.

[2] Or.scr. seems originally to have written : ܟܒܠܘ. and then written ܠ over the first ܒ.

[3] Read : ܣܟܚܬܗ.

[4] Read : ܒܘܢ̈ܚܝ.

[5] Read : ܢܩܘܒܘܢ̈ܚܝ.

[6] Read : ܣܟܚܬ.

[7] Between ܐܠܐ and ܟܒܫ there is an inexplicable form which looks like a Qôph plus an inverted Gâmal plus a Yûdh; a preposition is really needed, e.g. ܒ.

[8] There is an illegible note in the margin with a line inserted after ܐܬ̈ܝܟ to indicate where it was supposed to be read.

---

1 Read : ܕܝ̈ܪܕܚܝ, or : ܕ̈ܚܝ̈ܪܕ.

2 Cf. p. 75, n. 2.

3 Perhaps read : ܘܗ̈ܟܐ.

ܐܫܟܚܘܢ. ܘܐܬܠ ܦܬ̈ܓܡܐ ܒܡܘܡܬܗ ܘܟܠ ܢܦܫܐ ܕܠܐ
ܬܫܬܡܥ ܠܢܒܝܐ ܗܘ ܕܡܗܠܠ ܒܫܡܗ: ܬܐܒܕ. ܢܦܫܐ
ܗ̇ܝ. ܘܐܦ ܗܘ ܡܫܝܚܐ ܐܡܪ ܠܒܢܝ̈ * ܕܐܢܫܐ ܐܢܐ ܐܬܝܬ Fol. 79 rº
ܒܫܡܗ ܕܐܒܝ ܘܠܐ ܡܩܒܠܝܢ ܐܢܬܘܢ ܠܝ. ܘܐܢ ܐܚܪܢܐ
ܢܐܬܐ ܒܫܡ ܢܦܫܗ: ܠܗܘ ܬܩܒܠܘܢ. ܗܪܟܐ ܟܠ
ܡܫܝܚܐ ܕܓܠܐ ܘܡܬܚܫܒܢܐ ܗ̇ܢܐ. ܗܘ ܕܐܢܬܘܢ ܛ̈ܒܥܐ
ܡܩܒܠܝܢ ܐܢܬܘܢ ܠܗ. ܘܕܘܢ.. ܐܡܪ. ܒܪܝܟ ܗܘ ܕܐܬܐ
ܒܫܡܗ ܕܡܪܝܐ. ܕܠܗ ܬܫܒܘܚܬܐ ܘܐܝܩܪܐ ܘܣܓܕܬܐ:
ܥܡ ܐܒܘܗܝ ܘܪܘܚܗ ܚܝܐ ܘܩܕܝܫܐ: ܠܥܠܡ ܥܠܡܝܢ
ܐܡܝܢ.

19. ܫܠܡ ܕܪܫܐ ܕܒܟܝܢܐ ܠܡܪܝܣ. ܐܣܛܘܦܢܐ.
ܕܒܓܘܣܛܐ[1]. ܠܗܘܟܠ ܒܪܝܐ ܡܘܕܝܐ. ܕܡܬܚܪܢܐ[2]
ܒܗܘܢ. ܟܠ ܕܩܪܐ ܢܨܠܐ ܥܠ ܚܛܝܐ ܘܪܡܫܐ ܕܫ ܕܪܐ
ܕܟܬܒ[3] ܠܗܢ[4] . . . .

[1] Read: ܕܒܓܘܣܛ; cf. p. 1, l. 1, and MICHAEL the SYRIAN, *Chronicle*, vol. iv, p. 414.

[2] In margin (S.scr.): ܗܘܐ; cf. p. 1, l. 2f.

[3] A scribal sign indicates that ܕܟܬܒ ܠܗܢ should be reversed. It is difficult to see how this could be done here; only the missing part of the colophon could indicate how the scribe read the sentence.

[4] The colophon is incomplete. On this page there is room for only half a line more, and at the end of the line a dot is clearly visible. It does not seem to have continued overleaf, although it is of course possible that any writing that was once visible has long since been rubbed off. Cf. the Translation, p. 78, n. 60.

INDEX OF GREEK LOAN WORDS

(The references are to the pages and lines of the text).

CONTENTS